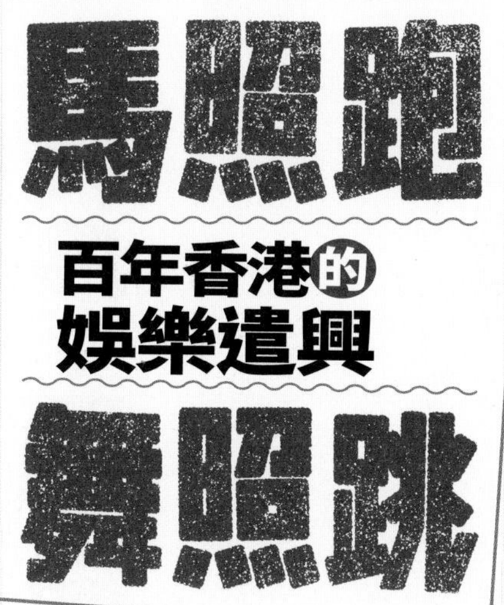

鄭寶鴻 著

代序：問答鄭寶鴻

馬照跑是平民發達夢，馬場從上流社會的交際場所到成為平民娛樂，造就的是一夜富貴的傳說；

舞照跳是銷金窩，夜總會裡衣香鬢影，濃縮了生意場上的風起雲湧，也寫就一擲千金的意氣風發。

百年香港的娛樂消遣，每個年代都有各自的潮流與特點，不變的是在娛樂面前，人人平等。與花費多少，或如何花費無關，上流社會，販夫走卒，人人都有娛樂自己的方式。

本書編輯與作者鄭寶鴻從個人談到時代，從消遣談到消費，且作為序。

問：書中涉及的娛樂消遣範圍廣泛，當中最能觸動你的是甚麼？

答：主要是民生百態。整個社會千奇百怪，好似萬花筒一樣，民生百態便連繫了各種事物，看市民如何消遣娛樂，如聽收音機、行海皮、去遊樂場等，甚至節日慶典，市民都很投入。這種人潮的熙來攘往，不同場合看到不同的人——以前我的工作是需要外勤，在不同環境都會接觸不同客戶，不論是在大銀行見到大老闆和大班，或是在市集見到商販，不是說誰高誰低，而是不同場合見到的人都有所分別，感覺都很不一樣。這種民生百態都讓我留下不同的印象。

問：這是人的故事。你怎樣看人群中的自己？

答：我總是覺得自己是一個過客，一個旁觀者——但雖然是旁觀，有時也投入的。其實自己由懂事開始，所見到的世界，由最初一層唐樓住好多戶，不同街坊有不同的娛樂消遣，到後來跟着老闆去應酬，出入高級酒樓夜總會……見到社

會不同的方面。要說歷史……可以這樣說，我自己本身都是一個歷史，始終年紀已經這麼大。

問：這本書的書名叫「馬照跑舞照跳」，其實以前去馬場或去舞廳，是不是都是負面的？

答：基本是。我做金融這一行，老闆也有說過，如果去這類歡場地方，對你的評價會馬上貶低。但很多人會去這些地方談生意，有的去完舞廳再去夜總會，這在八十年代很流行。但對我自己來說，因為有家庭，怎都要對另一半負責。但有時需要應酬，去高級 Night Club，有舞池的那種，當是見識應酬就算。又如跑馬落注，有的老友說來個大包圍，預你多少多少錢，大家一起買（僅有兩、三次）無所謂，但自己個人去買就沒有。

問：舞場通常便等同歡場？

答：可以說是歡場。老實說，買鐘出街，然後去夜總會，然後有下文，下文是甚麼都不必說。不過跳舞其實都有不同的潮流，雖然我沒有投入過這種娛樂。六七十年代流行迷你裙、Agogo，是陳寶珠、蕭芳芳年代，八十年代跳社交舞，很多有宴會廳的 Night Club 都會有舞池，甚至大酒樓都有舞池，像新世界中心的那間海城、海運大廈的海天酒樓夜總會，還有尖沙咀金冠酒樓，舞池都很出名。當時的高級遣興真的是一擲千金，當大部分人收入才一千幾百元，已經有人可能豪擺一、二千元一席的酒席。那時的一千，等於現時四、五萬。一些高級的夜總會，一晚的人均消費近萬元，以八十年代中來說，當時人均月入二、三千元，但去這些高級場所，吃一隻鮑魚已經要三、四千，真的是匪夷所思。

平價的茶舞，就有很多人會去。茶舞又叫做「孤寒舞」，一元已經可以玩七至八點的時段，去到九點就是燈紅酒綠，收費也就不同了。附近有間酒樓跳茶舞很出名，叫月宮酒樓夜總會，就在李寶椿大廈那邊。不過現在舞廳已經消沉了，沒有八十年代那麼繁盛。八十年代香港經濟繁榮，也有很多內地人士來港。現在已沒有出名的 Night Club，也沒有這類豪客了。

問：娛樂的繁榮是因為經濟騰飛？

答：是的。當時因為內地改革開放，有很多商機，也就有很多應酬，所以很多人會去這些娛樂場所。談生意也好，陪客人消費也好，大家放鬆一下，尋歡作樂，真是猗歟盛哉。其實不論是舞場、馬場，甚至天星小輪，全部都是傾生意的地方。非繁忙時段去搭小輪，以前搭船不一定要上岸的，坐在船裡在維港兩岸來回，左右都沒有人，正好可以傾生意，更不用怕隔牆有耳。

問：有說「賭馬賭馬」，為甚麼現在我們說買馬，並不會有「賭」的標籤？

答：入馬場我們不會覺得是賭，投注外圍馬才是賭。但其實本質是一樣的，只是我們有個概念，馬會是做善事的，我們資助一下馬會並沒有問題，但如果去投注外圍馬，那就是非法的。其實馬會做善事令很多人對於跑馬的觀念有所改變，我們可以發現很多地方都是馬會資助的，例如附近的大館。

不過早期的馬會，華人基本上是被輕視的，能夠真正進入主看臺的都是外籍人士，因此跑馬本來便是一種高尚娛樂，衣香鬢影的社交活動。真正會被當成是「賭」，應該是和平後，尤其是一九五〇、一九六〇年代，當時大量華人可以做到馬會會員，普羅市民亦都很熱衷。但那個年代要買馬就要入場，入場費是十元，說句不好聽的，你還未投注已先輸了。但當時不入馬場是無法投注的，就要幫襯外圍投注，因此到了一九七〇年代馬會才有場外投注站，讓不入馬場的人都可以合法投注。

問：你現時關注的是哪一類的民生？

答：說是關注，其實是冷眼旁觀，見到甚麼有感觸的，手上有筆便寫，自己做自己的事，但求不會有人說我亂寫就很好了。

問：市民的娛樂心態和以前有分別嗎？

答：是口味有不同了，好像遊樂場，有段時期的遊樂場很興盛，記得海洋公園一九七七年開幕，光是要去買門票，都要買幾日才買到。當年的海洋公園門票是要在馬會買的。但現在的……老實說，娛樂方式已經轉變了。以前有很多很出名的遊樂場、夜總會，現在則是演唱會一票難求；以前我也喜歡去行山，現時的山頭也很熱鬧，水上活動都很多人玩。雖然口味和娛樂方式有轉變，但人們還是很願意消費的。

目錄

庶民

藝文

節慶

消費

餘音

庶民

百多年來，各階層的市民，在努力打拚之餘，亦會忙裡偷閒，尋找消遣，由逛遊樂場、名勝古蹟、公園、大笪地、游泳、踢毽子等，各適其適。多為消費廉宜甚至不用花費，但皆能令人有樂趣無窮，盡興而返的感覺。

休憩消閒地

在山頂區的華人遊客。約一九〇〇年。前方為庇理羅士花園。

約一九六〇年的花園道。第二代登山電車（纜車）站前是的士站和巴士站。右方是位於二十六號的美國領事館。

一九五〇年前後，市民的休憩消閒場所大致有荷李活道的大笪地，附近的卜公花園，被稱為「兵頭花園」的香港植物公園（一九七五年易名為「香港動植物公園」），皇后像廣場，修頓球場，虎豹別墅，以及稍後闢成的維多利亞公園等。

孩提時，跟着母親在「大兵頭花園」（公園東邊）的噴水池觀賞金魚，仰望在車路與樹林間「若隱若現」的纜車，在「二兵頭花園」（公園西邊）賞杜鵑花，以及拾取異香撲鼻的白蘭花瓣，為愉快的事情。

1 | 第一代兵頭花園的水景（噴水池）。約一九二三年。這一帶的景點於一九三〇年代初曾因半山供水系統工程，作出重大的改動。

2 | 重建落成於約一九三三年的兵頭花園噴水池。約一九五二年。水池內的金魚及青蛙吸引了成人及小孩。水池的上端仍見曾放置港督堅尼地銅像的空石座。

夏曆乙未年正月廿一日　第五版

荃灣擴路拆屋
賠償未協議
第二段工程進行受阻

太平山頂望下來
建亭設儀器以便遠眺

蘇屋村公地一段
收回建徙置大廈

出境犯罪

又一艘渡海輪
下月初可下

在太平山頂建觀景亭及設瞭望鏡的新聞，一九五五年二月十三日《星島日報》，該亭所在原有日軍興建的思雲亭。

1 | 一九五一年的半山及中環，可見兩部於同年開始行駛的第三代纜車。背景為匯豐銀行及於同年建成的中國銀行大廈。

2 | 約一九六五年的山頂，左邊山頂餐廳與右邊纜車總站之間是被稱為「老襯亭」的觀景亭。

1 | 觀景亭的近景與遊人。約一九六五年。

2 | 興建於纜車總站上，落成於一九七二年的新「老襯亭」，內設爐峰酒樓、西餐廳、商店及蠟像館。約攝於一九七五年。

大笪地，關於一八七〇年代，此地原為英國人最初登岸的佔領角。一八四〇年代，屈臣氏前身的「香港大藥房」亦設於此。大笪地成為市民的消閒地後，雲集占卜星相、講古賣藝以及街頭醫士等，若干「新生」事物如煙仔及滅火筒等，最初亦在此推介和示範。

一九三〇年代，大笪地建有二十多間約闊三尺，深七尺的一層高小屋，大部分為星相館，中間有一座「亭屋」，店鋪為照相館及公仔書館，外圍面向荷李活道處有約十間理髮店，其中兩間分別名為復興及玉女。入口處有一經濟飯店，父親常帶我去飲茶。

大笪地長久以來亦是市民的「抖涼地」，入夜後有不少居民在此「瞓街」露宿。

約一九七五年，有一套港產電影《狐蝠》在大笪地取景。兩三年後大笪地改建為臨時上環街市，一九八〇年代闢為荷李活道公園。

約一九七三年的上環海旁，右下方的新填停車地段於晚上即變身為熱鬧的攤販、飲食及表演集中地，有「平民夜總會」的美名，於一九八〇年起往西移，原址改建為新港澳碼頭及信德中心。

1 干諾道西的上環街市（一九九二年改為「西港城」）。約一九八〇年。其前方於夜後為西移的平民夜總會。

2 二〇〇三年，在西港城對面重開的平民夜總會，用「上環大笪地」的名稱開幕。

3 重開之「上環大笪地」內的攤檔，二〇〇三年十二月。

2

3

1 | 在文武廟（右）前東望荷李活道，一九七七年。這一帶連同左方兩間單層舖的所在，早期為「文武廟廣場」，一如同位於荷李活道，原為佔領角的大笪地，是華人坊眾的活動及休憩場所。左方第一間三層高唐樓，原為約開業於一九〇〇年的「美香居茶盒餅店」。

2 | 位於荷李活道（早期這一段名為「鋤斷山街」）的佔領角，一八九七年。一八四一年一月二十六日，英國人在此升起第一面英國旗，稍後，一間「香港大藥房」在此開設。一八七〇年代，佔領角改為華人休憩場所的大笪地，直至一九七〇年代中。

落成於一八九六年，為慶祝維多利亞女皇登位六十周年而建的皇后像廣場，雖位於金融區，亦是休憩消閒區。因為位於遮打道中心，女皇像附近地帶，於夜幕低垂時，便會吸引不少儷影雙雙的情侶。

一九五〇年代，不時會經過蘭桂坊、德忌笠街、鐵崗（已連拿利）而步往兵頭花園。

五六十年代的蘭桂坊，仍為一條頗污穢的窄巷，下雨時到處都有積水。現時花檔所在，當時有兩三座大牌檔。這一帶的地舖，亦被用作住宅，與咫尺之遙皇后大道中皇后戲院一帶的繁華，有霄壤之別。

附近有一土地廟和地下公廁，旁邊的懷德里，住有轎伕和人力車伕。廟宇和公廁於一九五七年七月拆卸。

一九七三年，蘭桂坊落成一座商業大廈內設建煌餐廳及超級市場，蘭桂坊開始脫胎換骨，五六年後，逐漸變為「全盤西化」。

位於灣仔新填地上的蕭敦（修頓）球場，一九三〇年代初曾有一座可容二千多人的「樂園有聲電影院」，球場及外圍的多條馬路，曾分別舉辦多屆年宵市場。和平後的一九五〇年，曾為一如大笪地般的消閒地，亦有醫卜星相、賣武、熟食以至色情表演等共五百多攤檔，一年後，轉變為現時面貌的修頓球場。

一九五〇年代，每年總有一兩次，舉家步行前往大坑道上的虎豹別墅和萬金油花園參觀。該落成於一九三六年的花園內，有大量像生泥塑景物，活靈活現，當中充滿教育性的二十四孝人物塑像，以及十八層地獄的恐怖情景，印象深刻。在其地標式的白色虎塔頂端，可遍覽大坑山一帶的高尚住宅，以及毗鄰漫山遍野的寮屋，形成一強烈的貧富懸殊對比。

虎豹別墅山腳，在避風塘填海開闢之維多利亞公園，於一九五四年初步落成後，曾成為一如大笪地般的「平民夜樂園」，因有不少三教九流人物混跡其間，旋即被當局取締，部分占卜星相及攤販遷往興發街及浣紗街一帶經營。

一九五八年，設有大型游泳池的新市肺維多利亞公園落成，一九六〇年起，年宵市場亦在公園舉辦。

灣仔至銅鑼灣全景，一九五一年。左中部為正重建的修頓球場，其右方為剛落成的兩層高的國殤大廈。

港聞二

「虎豹別墅」落成

明日舉行進伙禮

南洋僑商胡文虎昆仲、前斥巨資、在本港大坑、建築一私人住宅、定名為「虎豹別墅」、全部工程現已告竣、定明日下午五時半、舉行「進伙」典禮、并款宴各界名流、查該別墅形狀、畧述如後、該墅全部設計、均採取我國古式、面臨海灣、倚背青山、風景清幽、位置適當、正門有二兵士荷槍直立、防衛森嚴、樓下有餐室、睡室各一、客廳二座、其中陳設、中西俱備、二樓為胡氏之辦公室、及臥室四間、佈置整齊、一塵不染、儼然安樂之宮、四週曠地中、闢有草場、小橋及噴水池各一、兩端各建涼亭、登臨亭上、則海上與湖山之勝景、可偏覽無遺、距亭不遠、有石級一列、兩旁有石製之虎、形像殊為兇惡、下為汽車停駐處、轉向左方、有一白磚砌就之華美游泳池、其中滿貯清泉、乃由室後溪澗泉源流到者、再上復有草場一片、可作網球場之用、別墅後部、有一石山、怪石嶙峋、作種種姿態、栩栩欲生、小川流動石間、尤為雅趣、其石則有巨鷹棲止怪石之上、無處不呈現美麗之狀象、但附近山麓、滿佈鄉村木屋、頹垣破壁、不蔽風雨、鳩形鵠面、往來道上、自成另一世界、相形之下、令人興無限慨思云、

1 ｜ 虎豹別墅建成，舉行進伙典禮的新聞報導，內有石刻鳥獸、涼亭、噴水池等美景。報導亦指附近山麓，滿佈鄉村木屋，頹垣破壁，形成一強烈對比。一九三六年七月二十日《華字日報》。

2 ｜ 約一九五〇年的虎豹別墅及虎塔，其前方為大坑道旁的破壁及山邊木屋。

約一九六五年的大坑區，左下方為虎豹別墅萬金油花園的白色虎塔。

九龍最早的消閒地，為落成於一八六五年油麻地天后廟前的榕樹頭廣場，其旁有一條原意為「公眾廣場街」的「PUBLIC SQUARE STREET」，但一直被譯作「公眾四方街」，到了一九八〇年代才正名為「眾坊街」。

和平後，大批市民在廣場聚集，有不少講古、「照田雞」（睇相）、測字演武賣藝以及大量販賣雜物和熟食的攤檔，被稱為「超級市場」，攤檔範圍一直延伸至兩端的廟街。榕樹頭廣場曾於一九六〇年代重整，現時這一帶仍一片熱鬧，人流不絕。

1

2

3

1 | 街頭相士用火水（煤油）燈照耀客人的臉部以相命，被謔稱為「照田雞」。約一九六〇年。可見相士的誇張表情。

2 | 油麻地天后古廟以及前方的榕樹頭廣場，一九三〇年代。可見攤販及占卜星相檔。

3 | 人流不絕的油麻地夜市攤檔，由甘肅街向南望廟街。約一九七二年。

一九四一年，報載述及有年青記者群，往鑽石山遊覽志蓮靜苑，並提到該位於茂盛竹林內的宮殿式尼庵內，設有義學。

和平後，鑽石山為一風景區，有一名為「華清池」的泳池，旁邊有一名為鳳凰溪的大溪澗，附近為鑽石新村，其左方是黃大仙區的竹園村。

前往鑽石山風景區，可乘巴士在黃大仙站落車，步行往竹園區。又可在元嶺站，或稅關道（清水灣道口）牛池灣總站落車，步行前往。

一九五二年，鑽石山上有很多來自內地的新移民定居，這一帶因而被稱為「新大陸」。內有一條小街，兩旁有若干間商店、士多和小食店，及牛奶牧場。這一帶現時為鳳凰新村及荷李活廣場、星河明居等屋苑。

至於附近的黃大仙祠，始創於一九二一年，早期名為嗇色園赤松仙館，或赤松黃仙祠，早期已有不少信眾。一九二〇年代已有贈醫施藥診所設於九龍西貢道。

一九五六年，黃大仙祠已成為有名古蹟，同

也是新聞

僅存的平民夜總會

九龍榕樹頭的素描

被形容為「超級市場」的九龍榕樹頭平民夜總會的素描，一九六九年八月二十七日《工商日報》。

年，正式獲准開放予善信參拜。除本地市民外，亦有不少外地遊客信眾往參觀或參拜。當年，正重建「金華分蹟」牌坊。

一九五四年三月，九龍佐敦道與廣東道交界的英皇佐治五世公園，經歷長期的延誤後，正式開放，成為該區的新市肺。一個月後，港島位於西營盤東邊街的一座亦告開放。兩座同名的公園原打算於戰前落成，但經歷戰亂等故拖延了一段長時期。

而廣東道至尖沙咀的另一地段，為龐大的九龍倉建築群，最早落成於一八八六年。其對開的海面，有五座被稱為「橋」的碼頭。

專泊大型郵輪的「一號橋」，於一九六〇年已顯得殘舊。兩年後着手改建為設有購物商場、餐廳以及大酒樓的海運大廈，於一九六六年三月落成。隨後，九龍倉的貨倉又陸續拆卸，興建為海運戲院、香港酒店、海洋中心等一系列建築物的海港城。

同時，位於梳士巴利道的太古倉及藍煙囪碼頭亦拆卸，改建為新世界中心及麗晶酒店，於一九七九年落成。

海運大廈海洋中心及新世界中心，旋即成為市民的消閒、飲食購物及娛樂的好去處。

英皇紀念公園將興建

本港九龍兩間決同時進行

園門採用我國古代宮殿式

浸水例公地開投

百家利電髮舖

山西始創老字

在港島國家醫院原址以及九龍官涌空地興建兩座英皇佐治五世公園的新聞，一九三七年十一月七日《華字日報》。

遊樂場

愉園遊樂場內的中式茶樓及正中的動物場。約一九一六年。

一九五九年，得知學校的旅行目的地為荔園，心情興奮了多天。尤其是在荔園內，可看見及嘗試過的機動遊戲，如木馬、碰碰車、咖啡杯、摩天輪等；又可自由地進入電影院和劇場，感覺新鮮和快樂，景象現仍於腦際縈繞。

後來，有機會在外國之迪士尼樂園及環球片場等地方參觀，但總沒有第一次參觀荔園的美妙感覺。

十九世紀，華人的消閒遊樂場地缺乏，可供遊樂的，只有上環的大笪地及文武廟廣場，以及在太平山疫區開闢被稱為「花園仔」的卜公花園，舉行節慶及體育活動和街坊聚會等。

高檔的兵頭花園，早於一八八四年，已有東華醫院等社團在此設賣物會，並有梨園（粵劇）歌唱、演托腳戲、裝扮長人（高蹺）及矮仔等雜技，又施放煙花以籌款賑濟內地水災。

一八八三年，港督寶雲與議政局（行政會議）議決，在黃泥涌（跑馬地）築遊樂園一所，俾旅港士女，於春秋暇日，得以遊目騁懷。可是要到一九〇三年，才有私人興建的怡園遊樂場在黃泥涌道開設。

1

廣  告

本園在跑馬場黃泥涌村旁地方軒爽招呼靈便常備四菜雪糕茶點以便遊客用登告白伏冀 垂鑒

愉園啟

德律風第弍百六十三號

2

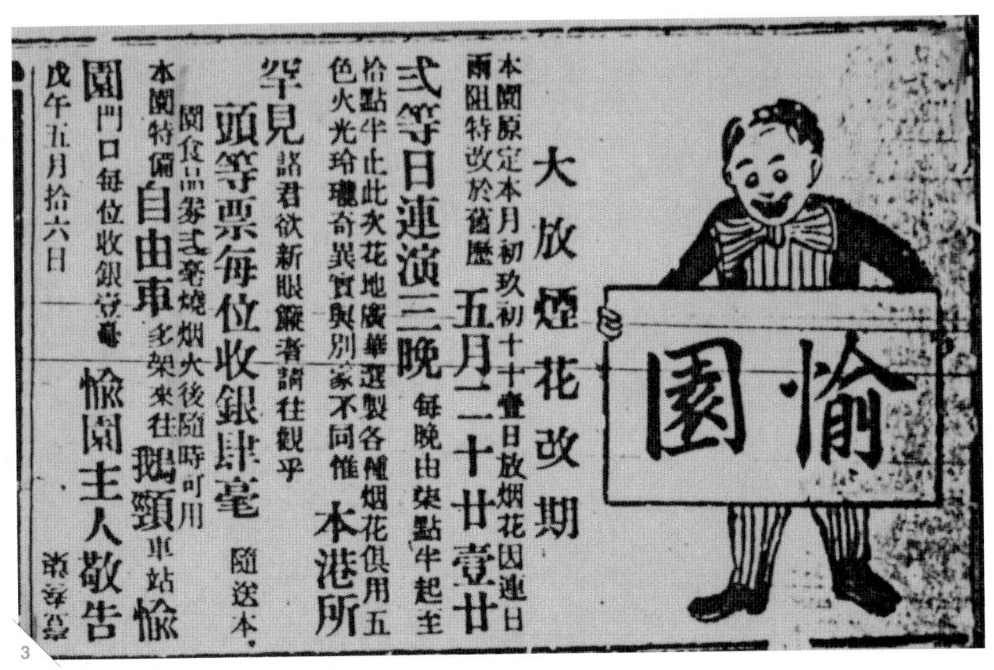

大放煙花改期

本園原定本月初玖初十十壹日放烟花因連日雨阻特改於舊歷 五月二十廿壹廿弍等日連演三晚 每晚由柒點半起至拾點半止此次花地廣華選製各種烟花俱用五色火光玲瓏奇異實與別家不同惟 本港所罕見 諸君欲新眼簾者請往觀乎

頭等票每位收銀肆毫 隨送本園食品劵弍毫燒烟火後隨時可用

本園特備自由車多架來往鵝頸車站愉園門口每位收銀壹毫

愉園主人敬告

戊午五月拾六日

3

1 | 愉園的主建築及電影棚篷。約一九一二年。

2 | 位於跑馬場黃泥涌村旁，愉園遊樂場的廣告，一九〇七年八月十七日《華字日報》。

3 | 愉園遊樂場特備自由車（巴士）多架來往鵞頸車站與愉園之間的廣告，一九一八年六月二十四日《華字日報》。

約一九三〇年的跑馬地。前中部為開始拆卸的黃泥涌村，左中部由舊愉園變身的養和醫院即將改建，於年多後落成。

新樟園開張廣告

本園在跑馬地黃泥涌之側因山為園倚樹結屋群樹環抱聚攬軒窗登臨當頭迷鏡泉石誠消夏之勝地避暑之佳處也現更大加修葺登切房座務求雅潔添聘名廚茶點菜式均極精良每日下午電車直抵黃泥涌來往甚便現定於西歷四月廿柒日開張特登告白伏冀 垂青

丙辰年四月廿捌日 [illegible]

1

西環李苑太白樓開市告白

拾千沽酒力喜送春叁五良朋正宜消夏諸君應亦及時行樂也本樓自建設以來疊蒙各界稱道茲者從新點綴亭台樓閣草木禽魚極為大觀樓上中西美酒南北嘉餚草地茶點雪糕汽水鮮奶食品精良價廉物美沿路既無穢氣修竹且有清風常有歌妓瞽姬京戲唱演以助雅興不收分文士女來遊登律歡迎并徵電車公司加車往堅尼地城之電車來至本樓前沙街口隨時停車以便貴客遊覽謹卜四月初五日開市 李苑

丙辰四月初弍 李苑太白樓謹啓

2

同年，愉園遊樂場在其旁開業。到了一九一〇年，另一邊再開有一樟園遊樂場，三者皆以花草樹木，清幽環境吸引各區市民，又有場地供馬迷觀賽馬。晚上，皆演放「陳泰記蘭芳」的煙花，往跑馬地遊樂場被視為高等享受。

愉園又設有動物園及電影院，亦可作婚禮場所，有馬車服務。一九一〇年起，設巴士載客往來鵝頸橋（現軒尼詩道、堅拿道「打小人」所在）與愉園之間，是港島最早的巴士服務。

一九一八年馬場大火後，三座遊樂場先後結業。愉園在一九二二年易手，改建為養和醫院。

為迎合石塘咀風月區的飲客及妓女等，李苑太白樓遊樂場於一九一五年八月四日，在西環李寶龍臺開張，內有花園、亭臺樓閣及水池，還有女班粵劇及木偶戲表演，曾吸引了不少中西區的市民，父親亦曾往參觀。可惜於一九二四年停業，原址改建為太白臺一帶的唐樓。

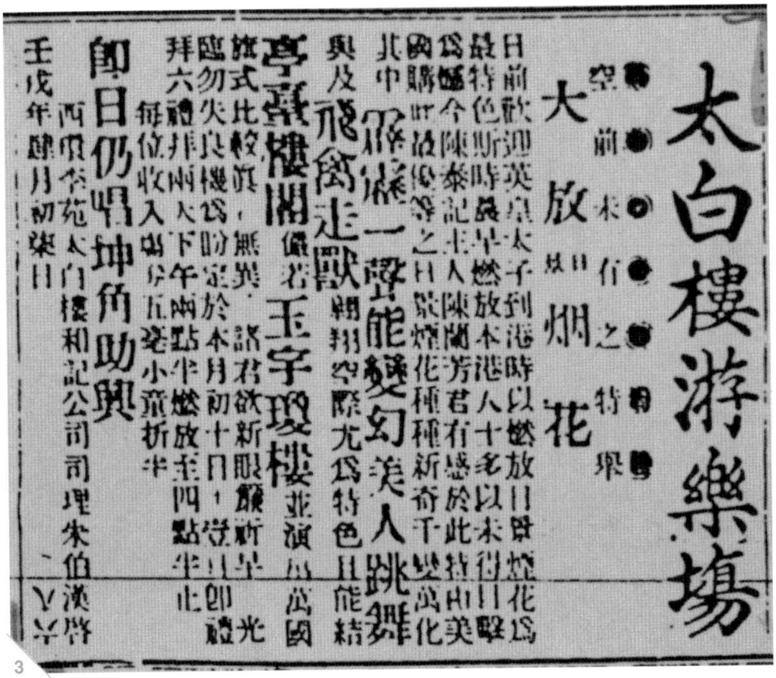

一九一八年六月十七日，一座由郭春秧（春秧街以他命名）經營，內設酒店的名園遊樂場，在七姊妹筲箕灣道（現英皇道）與現明園西街間開張，設備一如其他遊樂場。東華醫院等多家機構亦曾在此演戲籌款，林世榮亦曾在此表演技擊。一如愉園，名園亦設一「名園石塘咀公眾汽車公司」，提供來往兩地的巴士路線。可是，自一九二三年起，名園便頻頻結業易手，最後於一九三六年結束，其背後的山段被名為「名園山」。

1 | 在愉園旁的新樟園遊樂場的開業廣告，一九一六年六月二日《華字日報》。

2 | 西環李苑太白樓遊樂場的開市告白，標示其前方為「沙街」（山市街），一九一六年五月九日《華字日報》。

3 | 太白樓遊樂場大放煙花及各種遣興節目的廣告，一九二二年五月十日。

七姊妹名園開張

名園樂塲　初九新張　亭台樓閣　佈置週詳
茶餅菜色　特別精良　電車直接　利便非常
喂喂朋友　試嚟遊吓　勝過去別處乘涼
戊午年五月初九日　本園主人謹啓

萬善緣大會

啓者敝院是年所辦之萬善緣已蒙哆哆佛學社同人協力勷助剏場修大悲懺又由敝董等親往羅浮華首臺寺高僧修大悲懺沖虛觀山禮聘道長修玉皇寶懺及省港淨尼修淨土懺均蒙熱心勷助又有靜修女尼齋婆等發心贊勷在附薦壇誦經可謂善與人同合計僧道尼居士齋婆等約數百餘衆假座七姊妹名園內擇定陰曆九月十五日下午啓壇七晝連宵其中分四晚大放三寶以此功德非常浩大各方善信如欲附薦者請早日到敝院或各代收附薦處掛號可也謹此佈聞

丙子年八月初一日　香港東華醫院謹啓

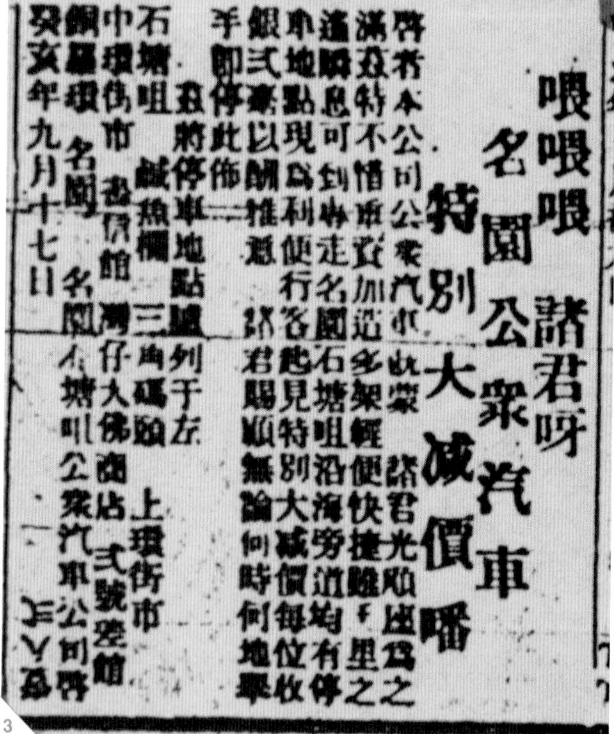

喂喂喂　諸君呀

名園公衆汽車

特別大減價嗬

啓者本公司公衆汽車承蒙諸君光顧咸為之滿意特不惜重資加造多架輕便快捷[illegible]里之遠瞬息可到由[illegible]走名園石塘咀沿海旁道均有停車地點現為利便行客起見特別大減價每位收銀式毫以餉雅意諸君賜顧無論何時何地舉手即停此佈

茲將停車地點列于左

石塘咀　鹹魚欄　三角碼頭　上環街市

中環街市　[illegible]館　灣仔大佛酒店　式號[illegible]館

銅鑼環　名園　名園　石塘咀

公衆汽車公司啓

癸亥年九月十七日

1 | 七姊妹名園遊樂場於一九一八年六月十七日開張的廣告，一九一八年六月二十四日《華字日報》。

2 | 東華醫院在七姊妹名園內舉行萬善緣大會的廣告，一九三六年九月二十五日《華字日報》。

3 | 名園遊樂場經營之「公眾汽車」（巴士）的廣告，往來石塘咀與北角名園遊樂場之間，全程收費二毫。一九二三年十月十九日《華字日報》。

約一九二〇年的北角海灘，正中為名園遊樂場的茶座，所在現為英皇道及明園西街一帶。

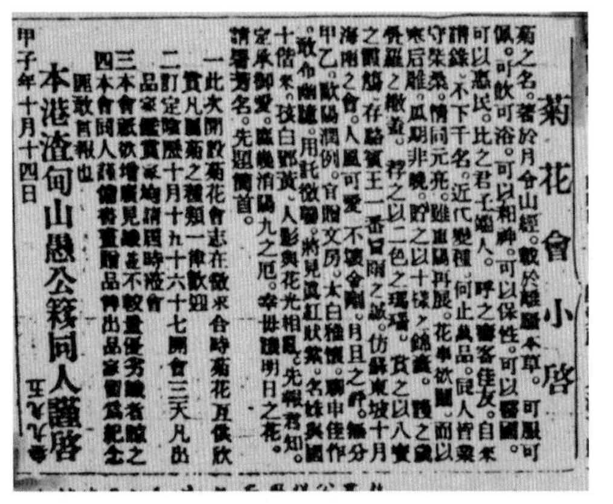

菊花會小啟

本港渣甸山愚公簃同人謹啓

甲子年十月十四日

渣甸山（利園山）愚公簃（利園遊樂場前身），舉辦菊花展覽會及徵集啟事，一九二四年十一月十二日《華字日報》。

一九二三年，商人利希慎購入渣甸山（原名鵝頭山、東邊山，又名東角山，於開埠初期為渣甸（怡和）洋行所有而得名、現時位於大坑豪宅區的渣甸山，原名為渣甸望臺），將其易名為「利園山」，在山上設利園遊樂場，並有一間利園戲院。一九二五年又在旁邊的波斯富街建成一利舞臺戲院。除粵劇外，遊樂場不時舉辦花展、乞巧節慶祝會、內地各鄉巧品，以及佛山秋色和燈飾展覽，還有東莞南音，客家山歌，羊城龍舟唱詩等曲藝表演以及章回小說講說等節目。這一帶亦有茶座。晚上，電車公司亦開特別班次往來遊樂場與塘西風月區之間。東華三院亦曾在利園舉辦活動籌款。

不過利園於一九三二年結業，俟後，原址有南粵片場及嶺英中學。一九四〇年代，張大千亦常在利園山居住。到了一九五一年，利園山開始被夷平，泥石用作堆填避風塘以建維多利亞公園。

位於怡和街與邊寧頓街交界，原為渣甸貨倉地段興建的銅鑼灣「東區遊樂場」，於一九三九年三月十五日開業。遊樂場內有溜冰場、電影院，以及上演粵劇、京劇、越劇及潮劇的劇場，亦有名為「南海天堂」的機動遊戲。因該遊樂場位於銅鑼灣電車總站旁，亦頗吸引。

一九五二年，遊樂場結業，兩年後，改建為豪華戲院大廈及多幢唐樓。

荔枝角的荔園（早期名為「荔枝園」）遊樂場，於一九四八年九月開業，內設電影院、劇場和水上舞廳，最吸引的是包括摩天輪在內的多種

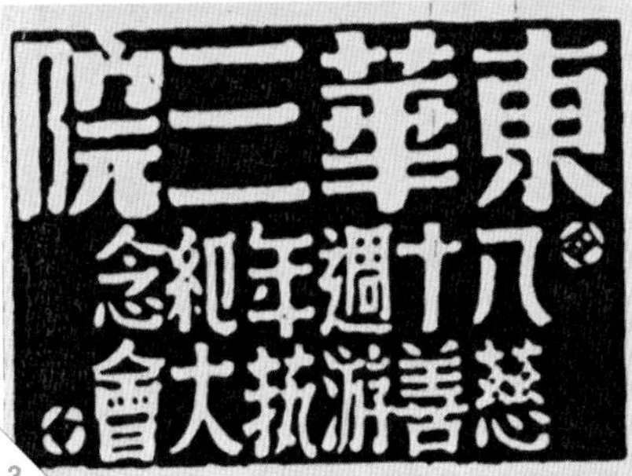

1 | 銅鑼灣北平道（恩平道）利園後便仙樂溜冰場的廣告，一九四一年十一月十五日《星島日報》。

2 | 利園遊樂場在「利園街」（利園山道）新闢門口的廣告，標榜有唱女伶、影畫戲、大酒家、茶水部、影相及各式遊藝等設施。一九二七年九月二十七日《華字日報》。

3 | 東華三院八十周年紀念慈善游藝大會，在北角月園遊樂場舉行，一九五一年六月五日《星島日報》。

4 | 於旺角彌敦道登打士街口，東方煙廠舊址，明園遊樂場的廣告，一九五〇年七月七日《星島日報》。明園是北角月園遊樂場的姊妹機構，所在現為信和中心。

由高士威道西望怡和街。右方為樂聲戲院，左方電車候車亭的背後是又名東區遊樂場的銅鑼灣遊樂場，所在現為富豪酒店及百利保廣場。約一九五〇年。

機動遊戲，老少咸宜。早期，劇場亦有表演艷舞以至脫衣舞，以吸引「好此道者」。六七十年代，若干位影視紅星，也曾在荔園獻藝。

一九七〇年代初，一座「宋城」在荔園旁落成，以迎合外地遊客。同時，荔園亦不斷變身以迎合潮流。可是兩者都於一九九七年初結業，幾代人的情意結亦隨之而消失。

由郭春秧後人郭雙鰲經營，位於北角道與英皇道交界的月園遊樂場，於一九四九年十二月二十二日開業。內設夜總會、舞廳、戲院、酒家和溜冰場，還有多種機動遊戲。足可與荔園分庭抗禮。而東華三院亦曾在荔園和月園，舉辦「萬善緣會與遊藝大會」籌款。

可是月園於一九五二年因負巨債而停業，稍後易名為「大世界」繼續經營，曾吸引大批市民，但終於一九五四年底結業，原址改建為包括麗宮、皇冠等在內的若干幢大廈，當中有一條月園街。

1 | 荔園遊樂場全部開放的廣告，一九五〇年七月一日《星島日報》。

2 | 荔園遊樂場內的宮殿式建築。約一九六六年。

1

2

1

3

2

1 ｜ 荔園遊樂場全景。約一九五〇年。左中部為入口。

2 ｜ 荔園遊樂場大門口的遊客，一九五八年。

3 ｜ 約一九八五年荔園大門口的票房。

荔園的摩天輪。約一九七〇年。

先施天臺特別廣告

荏苒韶光將達酷暑矣本港人煙稠密室鮮空氣蛇蝎其中易生疾病當是之時欲就近而得一遊樂之場吸納空氣良非易觀本公司特闢天台為俱樂之部 南盤則峰巒聳翠北眺則滄波萬頃中有茶室旁設花圃香飴佳茗足娛清談怪獸珍禽可供賞鑒現訂本月初九日即禮拜六晚增設華人音樂以娛遊客消遣其間小駐萬慮俱消實習滿風襟人懷暢敍於衛生上不可多得之遊樂場也且機器升降毋煩步履之勞地圖道中不貸舟車之苦嘉客戾止利便何如 大駕惠臨免冠以待此佈

本公司 天台訂每晚（除大雨外）開至十一點鐘止例點半以前由正門出入例點半後則由近海旁門升降機上落合併聲明

戊午四月初撰 [illegible] 香港先施有限公司披露

1

萬善緣追荐大會

公啓者敝院歷年承海內外委託運葬事務統計極多而年中埋葬水陸遺骸及在院身故者尤屬不鮮以致墳地狹逼亟待擴充且院向無額定收入年中贈醫施藥埋葬各費祇賴各界資助但現在收入不敷同人等自慚力薄深愧弗支故一致議決創辦一萬善緣追荐大會一擇定在九龍濤閣村即昔日曾富花園地址善搭棚廠延請羅浮鼎湖各處僧尼道侶建醮七晝連宵水陸超幽由九月初一日起追荐歷年捐驅先烈及海內外運歸與在院身故各幽魂併在墳內葬收外界附荐及出捐冊勸助醮金俾殁者離苦得樂存者植福延齡所有收入醮金及附荐費除醮務開支外餘款撥充敝院善舉惟茲事體大頭緒紛繁念獨力之難支賴衆擎而易舉夙佩各界仕女熱心公益慈善為懷故特發出萬善緣捐冊分在本港及外埠各處勸捐敬乞社會人士鼎力捐款或為資助隨緣佈施不拘多少所有收得捐款必先將芳名及數目登報鳴謝以彰善德而昭公道謹此奉達

注意萬善緣捐冊不日發出 香港東華醫院謹啓

2

一九五〇年二月，一座天虹娛樂場在荔枝角道與弼街間落成，一年後改建為大世界戲院。同時亦有一座由月園主人經營的明園遊樂場，於彌敦道開業，亦於一九五二年結業，所在現為信和中心。

港島的先施百貨公司頂樓，亦於一九五〇年代初有一月宮遊樂場，表演粵劇和粵曲，但亦於不久後結束。

另一大規模遊樂場為位於彩虹道，於一九六五年開業的啟德遊樂場。因位於新蒲崗和九龍城一帶的工業和住宅區，人流不絕。舉家曾往遊玩，但亦於一九八〇年代初結束。

當年，新界區亦有設於包括荃灣的遊樂場，但終不能與設於市區的分庭抗禮。

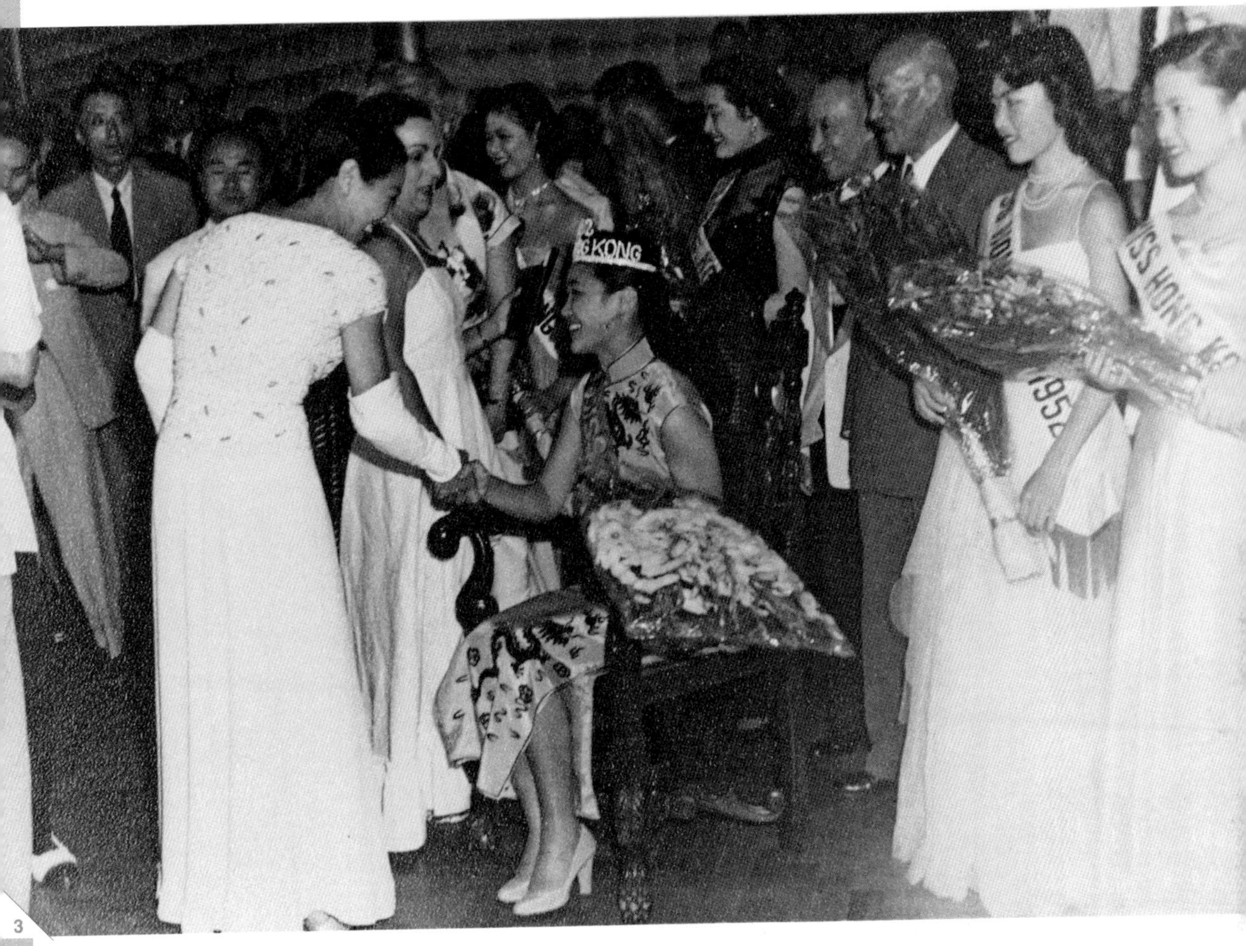

3

1 | 先施公司在天臺設俱樂部及茶室和花園的廣告，並標榜此位於市區高處之遊樂場，設有「機懸升降（升降機），而毋煩步履之勞」。

2 | 東華醫院在九龍蒲崗村，原日內有別墅、佛殿，供人遊覽的曾富花園（所在現為彩虹道及沙田坳道一帶），舉行萬善緣追薦大會的啟事，一九三六年五月二十七日《華字日報》。

3 | 在鰂魚涌麗池遊樂場舉辦的香港小姐選舉，一九五二年。正中為冠軍但茱迪正接受祝賀。

THE SINCERE CO LTD
EMPORIUM
UNIVERSAL
EMPORIUM

位於永和街（左）及德輔道中（右）的第三代先施公司大樓，可見其天臺遊樂場及花園茶座。約一九一八年。

海皮風情

約一八九六年的中環畢打街及鐘塔，左方為落成於一八九〇年的第二代香港大酒店，右方為德輔道中十八號的第一代渣甸（怡和）洋行，前方為填海即將完成的新「海皮」（干諾道中）。

「海皮」於戰後是泛指中西區的干諾道和灣仔的告士打道，市民多在此處，包括對出的碼頭討生活、消閒、乘涼、吃喝及垂釣等。

一八九〇年四月二日，英國干諾王子為一年前開展，海軍船塢旁的美利道起至石塘咀山道為止的大規填海奠基，工程於一九〇〇年完成，新海旁馬路由德輔道改為干諾道。

一九二一年，由灣仔軍器廠（現軍器廠街一帶）至波斯富街的填海開展，工程於一九三〇年（最初部分是一九二九年）完成後，新海旁馬路為告士打道。

一九五八年，金鐘區的海軍船塢及軍事地段被港府收回後，在部分地段開闢連接干諾道中及告士打道的夏慤道。一九六〇年起，曾舉辦三屆工展會。

直至一九六〇年代，市民普遍稱干諾道及告士打道為「海皮」。百多年來，「海皮」有顯著的變化，自一八九八年起，大量新建築物在海皮落成，較知名的有太古洋行、東方行、香港會所、皇后行（現文華酒店所在）、皇帝行及萬順酒店，郵政總局、滅火局（現恒生銀行）、先施、大新及永安公司、海事處及皇后酒店等。

約一九一八年的金鐘地段。前方為美利軍營，其對開的「海皮」地段為海軍船塢及威靈頓軍營的所在。煙囱旁為白色的「添馬號」軍艦。

2

1 | 由美利道至永和街的中環海皮(干諾道中)。左方可見太古大樓及東方行(現友邦大廈所在),右方的永和街兩旁為先施及大新公司。中右方的滅火局(消防局,現恒生銀行所在)前即將興建統一碼頭。約一九三〇年。

2 | 解放軍駐香港部隊大廈前,現龍和道上,「九龍國國皇」曾灶財的「御筆」親題「墨寶」,一九九八年。

郵政總局以西，迄至正街一帶，有多幢四層高的唐樓，大部分為華人的旅店、客棧及旅館；過了上環街市，則大部分為菜種行、白米批發行及鹹魚欄商。正街以西則幾全為貨倉，包括均益倉、九龍倉及招商局貨倉等，接近山道的一段則有若干間下級妓院。

一九三〇年代，干諾道中及干諾道西，計共有各種碼頭三十多座，當中不計小型的電船仔碼頭，較知名的碼頭有：皇后、卜公、鐵行、德忌利士、統一、聯昌、省港澳、永安、永樂、西江、威利蔴街、渣甸橋（碼頭）及招商局碼頭等。

而灣仔則有分域碼頭、菲林明道垃圾碼頭以及杜老誌道渡海小輪碼頭等。

Greetings from Hongkong

all well

Oct 8

一九〇〇年，由畢打街東望干諾道中，正中為由雪廠街碼頭改造的天星碼頭，左下方可見大批市民觀看舉行落成儀式，尚未有上蓋的卜公碼頭。天星碼頭背後稍後亦建成皇后像碼頭、域厘碼頭及美利碼頭。

1 | 由砵典乍街東望干諾道中。約一九二五年。右中部的德忌利士船公司（現中總大廈所在）前，有一座位於馬路正中的石砌公廁，位於其左端的，依次為德忌利士碼頭、鐵行碼頭、卜公碼頭、天星碼頭以及同年落成的第一代皇后碼頭。卜公碼頭前可見兩部大酒店公司的巴士。

2 | 約一九〇三年的天星碼頭，當時是往尖沙咀「九龍倉」者，因尖沙咀的碼頭直到一九〇六年是設於九龍倉（現「海港城」的所在）內的。

2

位於中上環海皮私娼雲集，被稱為人肉市場，櫛次鱗比的旅店客棧，是方便多座碼頭的旅客，亦為私娼（被稱為「海皮貨」）與嫖客間的交易陽臺。因此大部分旅館的鋪面，多附設找換店、雜物店以及售賣催情物品和為風流病「善後」的藥品鋪。一間經營至一九六〇年代的人和旅店，曾有一位魯迅先生筆下，在「香港城賣文」的余蕙，該旅店現為永安公司的一部分。其西鄰的一間新華旅店，於淪陷時期曾為日軍安置匯豐銀行總司理祁禮賓及一眾高級職員的居所，每天由此步往匯豐辦理清算該行，以及簽署一批已印就而未及銷毀的鈔票，即「迫簽鈔票」。

二十世紀初，有三座公廁位於干諾道中馬路中心，所在為德忌利士街前、林士街前及三角碼頭前，以方便各碼頭「埋頭」（泊岸）輪船的旅客。公廁於一九五〇年代中被拆平，當時干諾道中的馬路中間是可供汽車停泊的。

香港城余蕙賣文
人和旅店余蕙屏聯榜幅
發售
香港對聯　香港七律
香港七絕　青山七律
荻海對聯　荻海七律
花地七絕　花地七律
書齋對聯　書齋扁額
會課長聯　會課短聯
夫人廟聯　鳳亭對聯
三金六十元
五金五十元
七金四十元
屏條加倍
人和旅店主人謹啓
小店在香港上環海傍
門牌一百一十八號

魯迅筆下，「香港城余蕙」，在上環海旁，干諾道中一一八號，人和旅店「賣文」的廣告，一九二七年七月十九日《華字日報》。

約一九一二年干諾道中的省港澳碼頭。正中一一八號人和棧旁是文華里，其前方有一座設於路中心的公廁。這一帶的樓宇連同左邊的先施公司所在，現時為永安公司。

有不少人在各碼頭之間的海面游泳。一九五四年六月，當局宣佈嚴禁，以防不潔傳染疾病。

一九五四年中，愛丁堡廣場的填海大致完成，新皇后碼頭於六月二十八日啟用，舊皇后碼頭在半個月後拆卸，以建香港首條行人隧道。兩座碼頭皆為乘涼勝地。

一九五六年，位於干諾道中一至二號的太古洋行及東方行計劃拆卸，可是要到一九七三年才建成富麗華酒店。同於一九五六年，當局認為落成於一九一一年的郵政總局過於殘舊，須覓地他遷。而其對出落成於一九〇〇年，俗稱「皇家碼頭」的卜公碼頭，與及同年落成、位於其東端雪廠街口的天星碼頭，亦有計劃拆卸。綠色木結構的天星碼頭，要登一段木梯上頭等，印象深刻。

大量市民在卜公碼頭乘涼、垂釣以至露宿，亦有人在碼頭地板的縫隙之間垂釣，若釣到大魚時，需找人拿過魚絲，才在碼頭底將魚兜拿，十分有趣。

位於海皮雪廠街對出的天星碼頭，現時的新天星碼頭面貌，是與其雷同者，而尖沙咀的登岸處已由九龍倉改為九廣鐵路總站旁。約一九三〇年。

一九五七年十二月十五日，愛丁堡廣場的新天星碼頭落成。經過行人隧道步往新天星碼頭，聽到碼頭鐘塔緊扣上班一族心弦的報時鐘聲，登上小輪，有新鮮的感覺。

1 愛丁堡廣場的新天星碼頭及停車場。人力車旁為一輛明星公司的士。約一九六〇年。

2 一九五一年，正進行填海開闢愛丁堡廣場的景像。可見填海範圍內的舊皇后碼頭以及最右方的舊天星碼頭。

3 | 人力車，以及在上環一帶及碼頭活道的市民。約一九五〇年上環街市（西港城）前的海皮（干諾道西）。

4 | 落成於一九五七至五八年間的港島及尖沙咀的兩座新天星碼頭。約一九六二年。

5 | 畢打街、干諾道中卜公碼頭間的巴士總站。約一九三八年可見五部被稱為「嗶啦嗶啦」的電船仔。背景是一九一一年落成的第三代郵政總局，其右鄰是一九二四年落成的第三代鐵行大廈。

同年，進行上環林士街至摩利臣街間的填海，包括港澳碼頭的大業、德記及厚德碼頭，還有八座供電船仔碇泊的小型碼頭需要拆卸，港澳碼頭則遷往原為大阪碼頭的「敵產碼頭」，內附設海旁警署。

位於機利文街口的港澳碼頭旁，有一糞渠出口，不少人在此鈎釣泥鯭魚。部分人將「即捕即劏」的泥鯭，配以冬菜粒烹成泥鯭粥販賣，引來大批食客光顧。一九五〇年代，「船頭官」大樓（即海事處現無限極廣場所在）的「騎樓」底行人路上，有不少人在此非法販賣稱為「女人狗肉」的禾蟲。

一九五八年六月，上環填海完成，新填地上闢有巴士總站及停車場，停車場於晚間則為一如荷李活道大笪地，以及九龍榕樹頭般的消閒、購物及休憩娛樂地，被稱為「新填地」、「夜樂園」及「平民夜總會」。華燈（早期為「大光燈」，即汽燈，後來為電燈）初上，近千數目的雜物、衣料、占卜、飲食、歌唱及賣藝表演檔，紛紛開檔，人

一九二六年由皇后像廣場至機利文街的「海皮」（干諾道中）。前方為一年前落成的第一代皇后碼頭，其背後是天星、卜公及德忌利士碼頭。最遠的是聯昌碼頭，稍後易名為大阪碼頭。

流麕集，不少為外地遊客。一九七〇年代，在此購得第一條牛仔褲。

一九五九年三月，沈常福馬戲團在新填地旁演出。

一九六一年六月一日，港澳碼頭以及稍後的交通部，亦遷至上環新填地。

載車渡海新線昨午正式開航

每隔廿分鐘港九對開一班 收費辦法照現有航線一樣

叙賢分會內刀光血影

設於上環林士街新填地，載渡海小輪新線開航的新聞，一九六〇年一月十六日《星島日報》。

泊於干諾道中新填地新港澳碼頭的渡輪「德星」號。約一九六四年。左方文華里的東鄰是人和旅店，所在現為永安公司的一部分。

一九五五年，海皮最高的建築物，中華總商會大廈落成，隨後落成的，有馮氏大廈、大昌大廈、李寶椿大廈、於仁大廈及恒生銀行（現盈置）大廈等。

一九六三年，由愛丁堡廣場至上環林士街的填海工程開展，包括卜公、鐵行、德忌利士、石碼頭及畝產碼頭等被清拆，市民失去多個活動場所。四年後，一座曲尺型的新卜公碼頭在新填地上落成，市政局曾在此舉辦幾次新潮舞會，許冠傑及泰迪羅賓等亦曾在此演出。

一九六二年繁忙的海皮段落。正中的卜公碼頭左鄰是郵政總局的運輸天橋，其旁是現仍矗立的中總大廈，最高的是於當年歲末落成的恒生銀行（現盈置大廈）。消防局大廈前是統一碼頭。

1 | 約一九六三年即將拆卸的卜公碼頭。郵政總局的背後是第三代怡和大廈，左方是一年前全面落成的於仁大廈，正中為一九三二年落成的「大鐘樓」告羅士打行。

2 | 干諾道中，正在油髹交通標示。在上方為一電船仔碼頭，再過是港澳碼頭。約一九六四年。

1　約一九六八年的統一碼頭及背後的消防局，可見接載車客的汽車渡輪以及右方的雙層汽車渡輪，右方仍見數幢舊式旅店的唐樓。

2　約一九八〇年的中環海濱花園的噴水池及休憩亭，左方可見落成不久的行人天橋及消防局大廈。這一帶現時為香港機鐵站和國際金融中心。

海皮人流最集中的，是一九三三年落成，位於滅火局（消防局）大廈對開的統一碼頭，內有九座供來往港九及新界小輪停泊的碼頭，全為油麻地小輪船公司的航線。最「墟冚」的是汽車渡輪，輪候上船的汽車龍尾，不時延至西營盤正街一帶。一九六〇年一月十五日，在新填地增設第二條汽車渡輪航線，但輪候上船的現象要到一九七二年，海底隧道通車才能緩解。

說到灣仔海皮的告士打道，於一九三〇年闢成後，除多幢並列的四層高三合土民居外，宏偉的建築有一九三二年落成的新「二號差館」（現時的「舊灣仔警署」），一九三三年的六國飯店和中國艦隊會所（現「中國恒大中心」所在）。

和平後的著名建築有夏慤大樓、金城戲院（後來的麗的呼聲大廈，現富通大廈）及英美公司煙廠（現伊利沙伯大廈）等。

2

1

2

1 | 由「杉排」(大佛口一帶)海旁東(莊士敦道)望向銅鑼灣及北角一帶。約一九一五年。前方為泊於大佛碼頭旁的船艇，右上方為摩理臣山及山下的二號警署，煙囪的左方為渣甸山(利園山)。

2 | 停於灣仔海皮(海旁東約一九三〇年易名為莊士敦道)與機利臣街交界的一輛布篷雙層電車。右方可見大王東街口的「和昌大押」樓宇。約一九二〇年。

3｜灣仔新「海皮」的告士打道，一九五八年。正中為軍器廠街及警察總部的堅偉樓，右方的軍事地段即將開闢夏慤道。左方為中國艦隊會所及夏慤大樓。

4｜位於告士打道與分域街交界，落成於一九五三年的「美軍訊指導站」，內有分域碼頭，於一九七〇年遷往龍景街一號。新分域碼頭及設施於二〇二二年拆卸。約一九六〇年。

1｜位於告士打道與杜老誌道交界的渡海小輪碼頭。約一九六二年。碼頭供往紅磡、佐敦道及九龍城的小輪泊岸。

2｜一九六七年的灣仔，由海皮告士打道進行的填海工程進行了約一半，中左方的吉列島將與陸地相連，左下方可見新落成的小輪碼頭。

一九八六年的告士打道，左方為開業於一九三三年的六國飯店（酒店），內設仙掌及甘露夜總會，曾為一流消遣場所，惟當時已結業着手拆卸重建。圖片由何其鋭先生提供。

1 | 落成於一九三二年的第三代「二號差館」(灣仔警署)，攝於一九八六年。右方「華國酒店」所在現為教會，長久以來，警署及六國飯店，一直皆為灣仔海皮的地標。警署現時已成為「舊灣仔警署」。圖片由何其銳先生提供。

2 | 約一九一二年的灣仔「海旁東」(莊士敦道)，由克街一帶西望。正中為海軍食堂的「藍行」。左中部為「香港電燈」的發電廠及煙囪，所在為日、月及星街一帶。

3 銅鑼灣「鵝頸橋」(賽寧頓橋，所在現為部分軒尼詩道)上的電車站。約一九二二年。右方橋底的軌道為輸運夷平摩理臣山的泥石以用作灣仔移海者。圖片的左下方於一九四〇年建成消防局。

4 灣仔新填地，一九七三年。填海工程已告完成，新填地上已建成電訊大廈，前方為紅隧的繞道，舊海皮的告士打道開始繁盛。

1 | 灣仔新填地。約一九七九年。左方為菲林明道，其右方為廣興大廈及右鄰的一列四層高唐樓，於稍後改建為大新金融中心。其前方的地段現為中環廣場、入境事務大樓及稅務大樓等建築物的所在。

2 | 位於告士打道唐樓地舖的修車房及建築材料店舖，一九八六年。這一列唐樓即將改建為大新金融中心。右方為行將啟用的柯布連道行人天橋。

1

2

剛通車時的紅磡海底隧道港島出入口，一九七二年底。右方為原吉列島地段，正中可見屈臣氏大廈，後來易名為海景大廈。

一九五〇年代初，有小輪往來吉列島至牛頭角，一九五六年停辦。同年，灣仔至九龍城及佐敦道的小輪開辦。

至到一九七〇年代，告士打道的店舖不少為修車行、磨粉店、生油行和舞廳，還有位於六國飯店西鄰的香港時報社。一間接近堅拿道西樓宇閣樓的鏡廠後來發展為大企業。當時告士打道上的行人，多為行色匆匆的渡輪乘客、外國水兵，而岸邊則有不少垂釣者。

當時的告士打道是以波斯富街為終點，一九六三年開展的灣仔填海工程完成後，一九七〇年起，才伸延至「怡和午炮」所在的東角迄至維多利亞公園旁，原為牛奶公司（現皇室堡）運冰河道的一段。在此之前，百德新街一帶面海的大廈住客被描述為可以在樓上拋絲垂釣的。

一九六八年三月十日，在新填地上落成的新灣仔碼頭啟用，海底隧道的工程亦在此進行。一九七〇年起在新填地上舉辦了四屆工展會，所在現為中環廣場及若干座政府大樓。

一九七二年八月三日，海底隧道通車，隨着稍後會議展覽中心的落成，告士打道有翻天覆地的變化。

我曾有兩年居於告士打道後來改建為大新金融中心的大廈，在臥室可見由紅磡、尖沙咀至旺角的景色，晚上的璀燦燈色，至今難忘。

干諾道中的客棧旅店區。約一九一二年。左方一連三座的祺生客棧一直經營至一九六〇年代。右方為機利文街。華商總會（中華總商會的前身）稍後設於這一帶的六十四至六十五號。前方的聯昌碼頭於和平後曾改作港澳碼頭。

1 由租庇利街西望干諾道中。正中的港澳碼頭先前的名稱依次為聯昌碼頭及敵產（大阪）碼頭。約一九六〇年。

2 由三角碼頭（永樂街碼頭）東望干諾道西前灣泊的木船艇。可見貨車（右）與船艇間之狹長接駁跳板。約一九六〇年。

1

3 | 在西營盤海皮（干諾道西）於潮退時「摸蜆」的坊眾。約一九五五年。後方為供來往深水埗及南丫島小輪碇泊的威利麻街碼頭。

4 | 灣仔及中環新舊海皮的夜景。約一九七三年。可見灣仔新海皮落成的電訊大廈，以及中環新海皮的康樂（怡和）大廈。

HONGKONG STEAM WATER BOAT Co.
Hongkong Pottinger Street and Praya

1

2

1 | 約一九〇五年的干諾道中及正中的砵典乍街。前方有一座「石碼頭」，右方是一座「蠟人戲棚」，於一九一一年改建為域多利戲院，其背後的樓宇於一九五七年改建為萬宜大廈。

2 | 約一九〇五年的干諾道中。左方位於租庇利街旁是簡陋的第一代香港影畫戲院，右方為往九龍的小輪碼頭。

3 | 一九五四年，干諾道中與租庇利街交界的統一碼頭及背後的消防局（現恒生銀行）。可見第一代的載客及汽車渡輪「民儉」號。左方為興建中的中總大廈。

古蹟遊

中區鳥瞰圖。約一九二八年。右前方是天主教總堂區，右方有一鐘塔，鐘塔所在現為高主教書院。左前是域多利監獄及「大館」（中央警署）。中左方是第三代中環街市及滅火局大廈。右中部可見，一九二四年的華人行，以及其背後落成於一九一一年的郵政總局。

長久以來，市民喜歡往港九以至新界各景點及名勝古蹟作竟日之遊，寓學習於娛樂，十分寫意。

戰前的「香江十景」，以及「香江新八景」的景點中，有：升旗落日、旗山星火、仙橋霧鎖的項目，皆位於又名「香爐峰」的太平山上。

一八五〇年代起，港府會招待訪港的清廷官員，乘坐轎子登上山頂，瀏覽維港兩岸的風光。

由一八四〇年代起，山頂有一瞭望站，每當外來船隻進入海港時，位處山頂的船政署人員，便在山頂扯起旗幟，通知山下的船政署人員，因而被名為「扯旗山」，此為一八七〇年，電報尚未在港通行時的景象。

一八八八年纜車開通，更多市民登上山頂遊覽，尤其以重九登高日為最。在盧吉道俯覽太平山下的樓房、維港的船隻，還有新界的群山，有登凌絕頂、一覽眾山小的雄邁氣勢。

一九五五年，位於山頂纜車站旁，可容十多人瞭望亭落成，該處原為日據時期的「思雲亭」。瞭望亭被稱為「老襯亭」，意指在此可俯視太平山下，眾多被騙的「老襯」（冤大頭）。

從山頂回程時，會經過干德道、早期名為「義律谷」的「鐵崗」（己連拿利）及雲咸街返回市區。鐵崗，是鐵缸的訛稱，該鐵缸是早期用作儲存來自薄扶林水塘，經一條水管CONDUIT（二十世紀初闢成干德道）引至，再供應中區的食水。

乘纜車上落山頂可經捷徑炮臺里前往花園道纜車站，位於「政府山」範圍的炮臺里，兩旁有興建於一八四七年的輔政司署（曾於一九五〇年代初重建，回歸後曾為政府總部的所在），落成於一八四九年的聖約翰座堂，一八五〇年的俄羅斯領事館（回歸後曾為終審法院），以及現時為政府合署西座的雪廠等。在雪廠的對面，曾有一座港督葛量洪夫人特許的「燈罩販賣亭」，其前端有一株百年古樹，於二〇一〇年才倒下。

皇后像廣場接近高等法院（現終審法院）的地段，有兩列建成於一九四〇年的長型木屋，多個政府部門設於此處，當中包括農林署、生死註冊處、防疹注射辦事處、外匯統制處、東華三院醫務委員會以及香港房屋協會等，這些部門於一九五七年陸續他遷，如遷往炮臺里的政府合署。木屋隨即拆卸，稍後，連同為滙豐銀行的另一半廣場，於一九六六年改建成現時面貌的一座。

皇后像廣場的「皇后像」（維多利亞女皇銅像）原置放在位於遮打道正中的花崗石寶亭，寶亭於一九四九年被夷平以便交通，而銅像則於一九五五年八月十七日置放於維多利亞公園。

銅像滄桑

維多利亞女王像修好

今移置銅鑼灣公園內

從日本一軍火廠運回香港的維多利亞女皇像，於是日移置維多利亞公園的新聞，一九五五年八月十七日《星島日報》。

一八九七年為維多利亞女皇登位六十周年鑽禧，當局於一八九六年在中環新填地闢建一「皇后像廣場」，並在廣場中心（現遮打道上）建一花崗石寶亭（左），內置女皇銅像。圖為在廣場舉行的盛大揭幕儀式。右方為興建中於一年後落成的第二代香港會所，其左方為「添馬號」軍艦。

一九一九年慶祝歐戰和平的皇后大道中，由雪廠街西望。左方為位於都爹利街口剛開業的東亞銀行，所在於一八八一年年為電話公司、香港首間銀行東藩匯理銀行的第二代行址，以及花旗酒店，其右鄰曾為第二代的渣打銀行。右方面向都爹利街的是丫士打酒店，所在現為置地文華東方酒店。

於一九二〇及三〇年代，曾作為遊樂場的銅鑼灣利園山，於一九五一年被着手夷平，泥石被用作堆填香港首座、建於一八八三年的避風塘，以闢建維多利亞公園。

夷平後的利園山地段及附近一帶，開闢了包括啟超道、蘭芳道及白沙道。以前的怡和山街易名為利園山道，北平道易名為恩平道，利希臣街易名為希慎道，渣甸圍易名為渣甸坊。

一九七〇年代初，位於希慎道的利園酒店落成，附近有包括百樂潮州酒家及新寧招待所等的多家食肆，這一帶旋即成為高檔的消閒、飲食和購物中心。個人常去的食肆，有上海館的老正興、一品香，還有西餐的太平館及金雀等。

約一九〇〇年的跑馬地，左中部為運河 Canal 及兩邊的堅拿道東及堅拿道西。中左後方可見創辦於一八四八年的聖保祿天主教學校，右方為馬會的第一代看臺。運河的一段禮頓道約於一八九〇年仍被名為必列啫（BRIDGE）街。

Hongkong. Bowrington Canal.

1

2

1 | 約一九〇五年的寶靈頓運河，又被稱為鵝頸涌，正中的寶靈橋又被稱為鵝頸橋。右方有煙囪處是怡和的中華糖廠寶靈頓分廠。鵝頸橋於一九二〇年代填海後闢成軒尼詩道的一部分。整條鵝頸涌運河於一九七〇年被蓋平以配合紅隧工程。

2 | 由第一代避風塘闢成的維多利亞公園，一九七二年。當時正舉行小型賽車。左後方的馬寶山餅乾廠將改建為屋苑維景花園，而右方的裁判署大廈則改建為屋苑栢景臺。

「香江十景」之一的宋臺憑弔，是指馬頭涌聖山上的宋皇臺石、圍欄和牌坊，於戰前為熱門旅遊點。

淪陷時期，聖山連同山上的宋皇臺，山下及附近的譚公廟和北帝廟被夷平和破壞。和平後，當局將殘餘山石清除，刻有宋皇臺字跡的部分則予保留，置於馬頭涌道旁，原聖山部分原址上開闢的宋皇臺公園內，於一九五九年十二月二十八日揭幕，供市民憑弔。

「香江十景」另一景的殘蝶斜陽，是指位於宋皇臺附近「三不管」地帶之九龍寨城，又被稱為城寨或城砦，始建於一八四七年，一直皆為遊覽探古勝地。經歷日據時期的摧殘和破壞，只餘下位於寨城中心點的協臺衙署（衙門），衙前圍道是以其命名。

2

空留三字紀滄桑
宋皇臺碑昨揭幕
元修宋史作王今正名為皇
華民司主持揭幕引述史蹟

3

1 | 落成於一九一六年的尖沙咀九廣鐵路總站及鐘樓。正中為第三代的九龍郵政局。約一九六一年。

2 | 從馬頭角一帶望宋皇臺道旁的聖山。約一九一五年。左右上方分別為宋皇臺石及牌坊，左中部可見「禁採石碑」。

3 | 有關宋皇臺碑石揭幕的新聞，一九五九年十二月二十九日《星島日報》。

位於九龍寨城旁，侯王廟道（現聯合道）的侯王廟。

約一九二五年。內有一〈鷲〉字及〈鶴〉字石各一大塊。

和平後的一九五三年，寨城範圍的龍津路、龍城街、龍城路、大井街、老人院右街，以至西頭村第一街至第二街一帶，為光怪陸離的社會，品流複雜。妓寨煙格林立，狗肉檔與脫衣舞場，比比皆是。

單是脫衣舞院已有龍華、龍宮、龍門及龍鳳等多家，亦有專門放映「春宮」色情電影片，以「一元試片」作標榜，門前貼有「一元復始、萬象更新」的暗示性對聯。

迄至一九六〇年代，寨城內的雞（娼妓）鴉（鴉片）狗（狗肉）架步充斥，賭檔林立。吸引到不少「尋幽搜秘」及「好此道」者前往。雖有警方的「龍城隊」入內巡視，但禁之不絕。

城寨內的大廈及樓宇皆為無規劃的私人建築，險象橫生，大量無牌的西醫和牙科診所在此執業，成為奇景。

一九八七年，中英政府經外交接觸及商討後，公佈將九龍寨城全面清拆，改建為九龍寨城公園。

與寨城咫尺之遙，有一建成於一七三〇年的侯王廟。該廟於戰前香火十分鼎盛，廟旁有鐫刻「鵞」字及「鶴」字大石各一，但「鵞」字石於淪陷時期被夷毀。

侯王廟內的「鵞」字石。約攝於一九二八年。於一九四三年被日當局摧毀。

由九龍城現衙前圍道一帶望九龍寨城，以及城牆所環繞的白鶴山。
約一九二五年，背景為獅子山。

1

2

3

1 五、六十年代旅行遠足熱門地的荃灣東普陀寺。約一九五七年。

2 另一熱門旅遊點，屯門青山禪院的牌坊。約一九五五年「回頭是岸」題字的背面，是港督金文泰約於一九二七年所題的「香海名山」。

3 歷史悠久，大澳的漁鄉棚屋。約一九六五年。

踢毽子

東區一士多，一九七六年。可見婦人上端的多個毽子。

金銀業貿易場會員行號的僱員中，有不少為「踢毽子」高手，以及游泳和冬泳健將，因該場在西環有一游泳場。

流行於戰前至一九六〇年代的毽子，英文名稱為SHUTTLECOCK，是用一疊舊報紙，剪成一大小如棋子餅的圓型物體，用繩穿扎，插入鴨或鵝毛即成。玩具店、文具店甚至士多均有出售。

毽子可容二至五、六人在街角空地互踢，花式有拖槍、旋風炮、倒掛金鈎及橫刀奪愛等。當時，有若干隊男性及女性的足毽隊。

直到一九九〇年代，金銀業貿易場仍有「市面仔」（出市買賣代表），於收市後的休息時段，在交易大堂踢毽子，因此該場有技藝高超隊員的足毽隊，曾在多屆足毽比賽中奪標。

時至今日，仍有一班毽子高手（實為腳），在每日中午時段，於美輪街與歌賦街交界，聚在一起，踢個不亦樂乎。

游泳

北角七姊妹道海灘泳棚。約一九一八年。

左方供單軌電車通行的筲箕灣道於一九三六年發展為英皇道。

175 North P

一九〇六年開始，本港每年皆有「賽鬥游水」（渡海泳）之舉，是由尖沙咀差館（水警總部）前，游至港島干諾道中一號太古洋行（現友邦金融中心）岸邊一帶。渡海泳有三十多人充當「救生義勇隊」。當年已有不少市民享受游泳的樂趣。

一九一〇年，華人會在七姊妹設有用竹棚蓋搭的泳場，翌年中華遊樂會亦在七姊妹地方領有水坦（海灘）一段，供會員游泳。同年八月二十三日，在此舉行泳賽。

一九一八年，在必列啫士街落成之青年會設有一座室內游泳場。

一九一九年之渡海泳，華人梁國森獲亞軍，其餘均為西人。

一九二一年，當局開闢昂船洲海灘游泳場，以便九龍居民往游泳，並在昂船洲與佐敦道各建一座竹碼頭。同年，亦有泳棚設於荔枝角油庫（現美孚新邨所在）旁。稍後，有巴士來往。

司徒拔道、黃泥涌峽道及淺水灣道亦同於一九二一年通車，亦有往淺水灣泳場由香港大酒

店經營的巴士。當年，港滬人士在美利道域多利游泳場舉行泳賽，南華體育會亦在青山及清水灣舉行游泳會。一九二〇年代，已有泳棚設於西環域多利道，紅磡大環山及土瓜灣海心島。

一九二七年十月十五日，南華會舉辦第四屆渡海泳，由紅磡黃埔船塢起至七姊妹南華泳場止。由天后區至鰂魚涌，亦包括北角的地段，早期被命名為七姊妹。

○消夏世界　中華游樂會在銅鑼灣七姊妹地方領有水坦一段以便會友約同闢設作水塲之游現已在該處起建竹橋木亭及浴房數所其近邊淺水之處則用麻纜圍繞使習水者不致有受溺之虞每日有游泳者二人為之引導誠暑天行樂之消夏世界也

2

1 | 七姊妹南華游泳棚全景。約一九三三年。左方可見一輛位於筲箕灣道（英皇道）上的電車。前方健康村的田地於一九五四年被平整以發展同名的住宅屋苑。

2 | 中華游樂會在銅鑼灣七姊妹領有水坦（海灘）一段，與築泳棚以便會友暢泳之新聞報導。一九一一年七月十日《華字日報》。

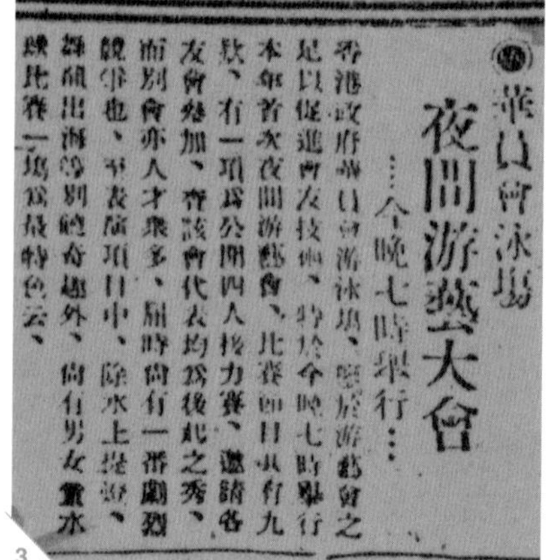

華員會泳場
夜間游藝大會
…今晚七時舉行…

香港政府華員會游泳場、鑒於游藝會之足以促進游泳技術、特於今晚七時舉行本年首次夜間游藝會、比賽項目共有九款、有一項爲公開四人接力賽、邀請各友會参加、查該會代表均爲後起之秀、而別會亦人才衆多、屆時尚有一番劇烈競爭也、其表演項目中、除水上提鴨、錦標出海等則饒奇趣外、尚有男女實水球比賽一場爲最特色云、

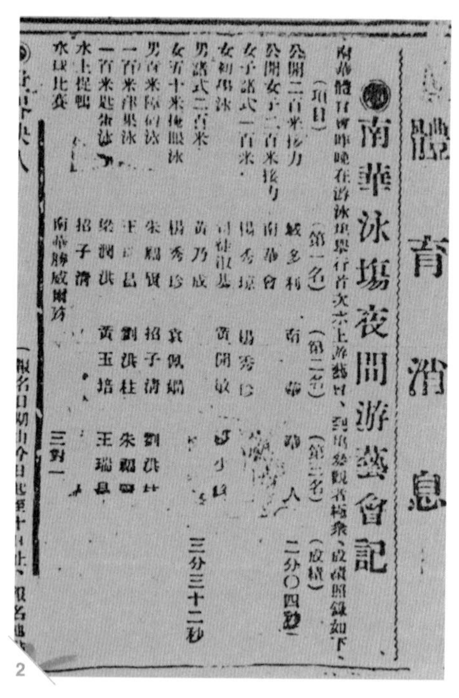

體育消息

南華泳場夜間游藝會記

南華體育會昨晚在游泳場舉行首次夜上游藝會、到場參觀者極衆、茲將成績照錄如下、

（項目）	（第一名）	（第二名）	（第三名）	（成績）
公開二百米接力	威多利	南華	華人	二分〇四秒二
公開女子二百米接力	南華會			
女子諸式一百米	楊秀瓊	楊秀珍		
女初學泳	司徒淑基	黃閒敏	[illegible]少[illegible]	
男諸式二百米	黃乃成			三分三十二秒
女五十米掩眼泳	楊秀珍	袁佩娟		
男百米障碍泳	朱耀賢	招子清	劉洪杜	
一百米背渠泳	王正昌	劉洪杜	朱耀[illegible]	
一百米匙羹泳	梁潤洪	黃玉培	王瑞昌	
水上捉鴨	招子清			
水球比賽	南華勝威爾劳			三對一

（報名日期由今日起至十日止、報名由[illegible]

2 | 南華會泳場夜間遊藝會的新聞報道，一九三二年七月一日《華字日報》。

3 | 《華字日報》報載華員會七姊妹華員會泳場即將舉行的各項游泳比賽。一九三二年七月一日。

1 | 南華會泳棚的另一角度景致。約一九三三年。

4 | 北角泳場於一九三五年繼續開放的新聞。因有傳言當區計劃填海，泳場即將封閉。一九三五年二月二十二日《華字日報》。

本港新聞

今年夏季

北角泳場繼續開放

……南華會未接政府通知……

……各泳場必非年內收回……

（專訪）本港地方狹小、人烟稠密、每當盛夏之時、此間居民、欲於工餘之暇、得一遊樂消暑之所、捨泳場之外、無優良之所、是以本港游泳之風、亦比國內各地為盛、每年夏季、島中各處海濱、公私泳場、即如林立、不下百數、惟其中之屬于公衆性質、與乎建築規模最大者、則爲華人・南華・政府華員・中華・青年等泳場、其地點均在於本島北角之七姊妹海濱、故溽暑之時、此風涼水冷之地、即爲各界華中遊樂之場所、乃

近日忽傳

本港政府今年將北角海灘收回、該處各游泳場、有不能保存之說、記者以此事關係島中居民利益極大、是以特異、頗堪注意、昨日特往訪南華體育會主席陸鐸氏、詢以該會有無接到此種消息、據陸氏云、本人日前見報載本會北角海濱游泳場、與華人游泳場已被沙泥填塞、該政府即將各場收回、實行填海工作、本人當時曾即向華人代表羅旭和博士詢問、政府方面是否確有今年收回北角游泳場之意、

據羅氏稱

並未聞政府方面有若何消息、後詢諸本會游泳場主任潘塲致沙泥填塞與否、則悉現在華人與本會兩泳場間之海岸、確被工程師計劃用沙堤填出數尺、然僅及堤底爲止、於游泳之地、絕無影響也、且此為公衆游樂之區、在政府方面、若果今年實行收回各場以爲填海之用、則必於事前通知各會、使其預備搬遷、另覓地所、決無實行填塞、而不通知之理、然本會亦并未接有政府之通告也、故本人敢信今年政府必未將各泳場收回、夏季將

照常開放

外間揣測、當非確實、不特此也、據本會所得消息、北角各泳場、或可延長二三年壽命也云、又據別一消息、謂政府工程師之將華人南華泳場海灘填出數尺、實因政府決定由七姊妹之新填地、開築七丈五之廣莊大道直通筲箕灣方面、故不能不預將該兩場海灘填開數尺云、

1 | 在麗池游泳場舉辦包括跳舞、溜冰及游泳之慈善餐舞游藝大會的廣告，一九四一年十一月十八日《星島日報》。

2 | 鰂魚涌英皇道七姊妹，麗池游泳池的開幕廣告，一九四〇年八月二十六日《華字日報》。

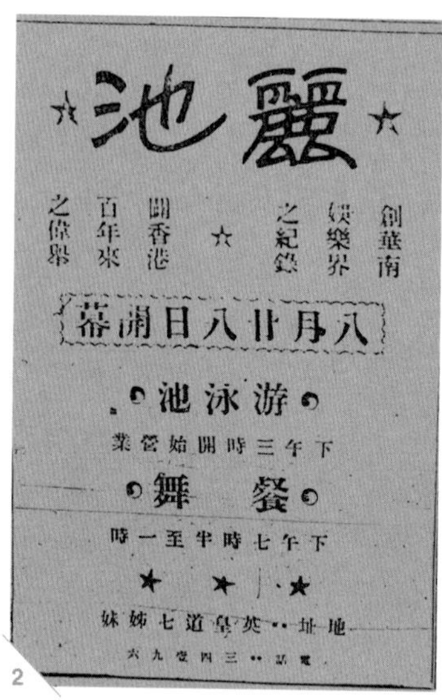

一九三〇年九月二日，中華體育會往石澳游泳，先乘電車往筲箕灣，再往柴灣村步行上一小山丘，沿正路（現為柴灣道的一段香島道及石澳道）而抵石澳。泳罷，乘該會之小輪返中環。

一九三五年四月二十八日，鐘聲慈善社游泳場在西環域多利道開幕，稍後開幕的有金銀業貿易場游泳場。

一九三六年五月，港島及九龍青年會，分別在七姊妹及荔枝角蓋搭泳棚，供會友游泳。同年，常有團體往將軍澳百勝角與大廟之間的赤沙海灘游泳。

一九五〇年四月九日，崇正總會在汀九青山道（公路）十一咪，設一泳棚。一九六〇年代，很多人在此及十一咪半暢泳，水清沙滑，該處有一「麗海泳屋」。

一九五二年八月十五日，位於淺水灣，設有餐廳、舞池及泳屋的「海景」泳場建築開幕，大放煙花，可泊汽車百輛。而於戰前興起的七姊妹游泳場，幾全因填海而結束，只餘位於鰂魚涌，

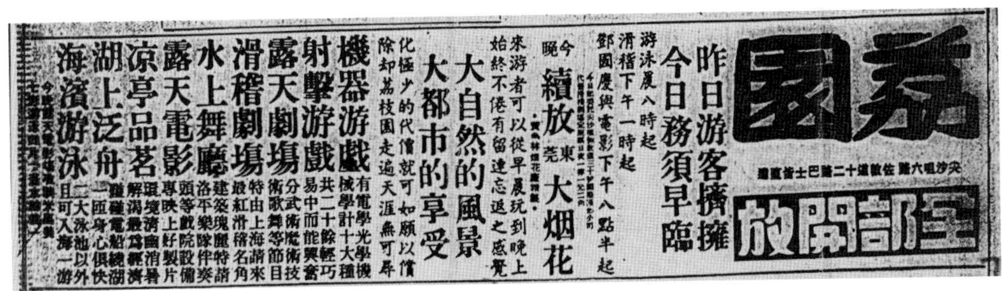

荔園遊樂場的廣告，提供包括游泳、泛舟等多項娛樂，一九五〇年七月二日《星島日報》。

於一九四〇年開業的麗池游泳場。該游泳場後來增設酒家及夜總會，曾舉辦多屆的香港小姐選舉。

一九五三年十月，干諾道中與美利道交界的域多利泳場，因愛丁堡廣場填海而結束，所在後來建成和記大廈。

一九五七年十月十六日，維多利亞公園泳池開放，為當時最具規模者，亦為習泳人士的好去處。

同年十月的公開渡海泳，有四百八十二人參加，男女冠軍為溫兆明和區婉玲。一九六八年的一屆則由王敏超及廖少華分獲男女冠軍。

為鍛練體質，自己於一九六〇年代中，在西環的金銀游泳場習泳再進而游冬泳。該場於一九七〇年因填海而結束，則改往淺水灣，亦曾參加元旦冬泳大賽，由中灣游至淺水灣拯溺總會，在天寒地凍的境況下游畢全程，刺激又滿足。

2

3

4

1 | 荔枝角海濱，包括東方等多座泳場。約一九六五年。可見包括「扒艇仔」的弄潮兒。左方可見荔園的入口。

2 | 在淺水灣舉行的端陽龍舟競渡。約一九六〇年。左方為落成於一九五二年內設餐飲場所的海景泳屋。

3 | 約一九六九年的美孚新邨，以及為葵涌道一部分的荔枝角大橋，橋底為「扒艇仔」活動的熱點。

4 | 位於鰂魚涌新麗池大酒店的室內游泳池。約一九六〇年。

落成不久的維多利亞公園游泳池。約一九六〇年。

玩具

街頭公仔書檔的兒童讀者。約一九六〇年。

和平後生活艱苦，大部分兒童都懂得用簡單的器材，自行製造玩具，或購買平價玩具，自得其樂。

最簡單的是用橡膠圈將多枝雪條棍紮成一小筏，在仿如燕尾的後段加一橡膠圈，插上一小截木棒作推撥，攪撥多下，放在水上，小筏便會往前衝。

自製迫逼筒（竹豆鎗），選一長約一尺的幼竹筒，加上一用小段竹筒作手柄的幼小竹枝。先在竹筒尾端放一青豆，用幼竹枝向青豆的一方大力推拍，使青豆爆破而發出「逼迫」聲響。

捉「金絲貓」。「金絲貓」是一種如蜘蛛的小昆蟲，用一種比竹葉為厚的樹葉摺疊起來以作其「竇」，暇時，打開「竇」作觀賞，或與同伴所飼藏者搏鬥以作樂。

捉蟋蟀。在半山一帶的叢林，不時可捕捉到蟋蟀，將其藏於煙仔罐或糖果盒中，兒童間喜將各自的蟋蟀作比拚，亦會使其相鬥。

打「波子」（玻璃珠）。在坑渠蓋或地面用粉筆劃界，用手指將波子彈向對方置於蓋面的波子，將其逼推出界外，便可將其贏取。

拍公仔紙。兩人各將一公仔紙放於手掌，然後互拍，使公仔紙跌落地，公仔圖案向天者便可將圖案向地的公仔紙贏取。

女孩的玩具有用瓦或鐵或塑膠製成的砂煲罌罉「煮飯仔」器皿，一如勞作的替公仔換新衣的剪紙等，還有拋接及抓取小石塊或小豆袋的「捔子」，以及將一堆「香雞腳」（線香燒剩的部分）逐枝挑離，以多取勝。

至於勞動式的玩意則有「扯大纜」（拔河）、捉迷藏、跳OVER及跳飛機等。

小孩們亦喜歡各種棋類，如波子棋、鬥獸棋、軍棋、象棋等。約一九五五年，新增一種「飛行棋」。

除自製者，孩童們亦會央求父母購買心愛的玩具。早於一九二〇年代，已有康元製罐廠及中華鐵工廠生產鐵皮玩具。

描述手持魚燈玩具的兒童的彩繪明信片。約一九〇〇年。

兒童拉拽滑輪車玩具的彩繪明信片。約一九〇〇年。

放風箏的小孩，郵票砌圖明信片。約一九二五年。

和平後的鐵皮玩具，有救火車、汽車、登雲梯的消防員、生雞蛋的母雞、一按便會跳動的青蛙等，不少可在工展會內購得。當時開始有港產塑膠玩具，包括各種車、船、沖涼鴨、聖誕老人，與及會眨眼的洋娃娃等。而先施、永安及大新等百貨公司皆有玩具部。而荷李活道及皋利街等亦有包括莫廣記及蘇貞記等玩具店。同時亦有不少玩具攤檔位於閣麟街、鴨巴甸街及油麻地廟街等處。

一九五〇年代，有來自內地的國產玩具，質優價廉，很受歡迎。一九六〇年代中，有一間規模宏大的桑林玩具公司，開業於軒尼詩道近寶靈頓道。

藥品「宏興鷓鴣菜」，不時登廣告，實行購藥送玩具，該藥品在當時頗受歡迎。

一九五九年，美國的「羅素搖搖」，在各中小學作示範表演，展示各種花式，這種印有可口可樂標誌的搖搖隨即風靡一時。其實早於一九五〇年代初，玩具店已有港產搖搖出售。

一九八〇年代，曾舉辦汽水瓶蓋換搖搖，亦再度掀起熱潮。

玩「揼子」遊戲的女孩。約一八九八年的港製明信片。

1 玩陀螺的小孩，郵票砌圖明信片。約一九二五年。

2 康元製罐廠的玩具廣告，一九四一年十二月三日《星島日報》。

3 在路上「坑渠蓋」打「波子」（玻璃珠）的男孩。約一九六五年。

1 | 女孩的「換新衣」勞作紙。約一九五五年。

2 | 在街頭「公仔書」(連環圖)檔，看公仔書的男孩群。約一九五八年。

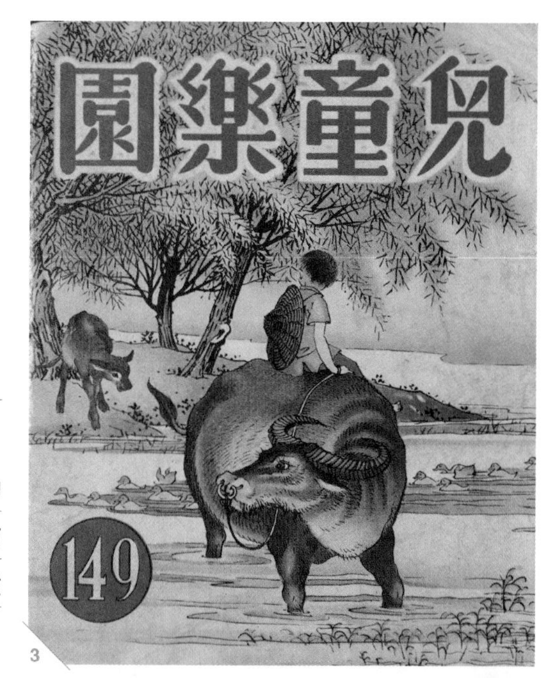

3 | 益智讀物的《兒童樂園》第一四九期，一九五九年。

4 | 由皇后大道中向下望禧利街。約一九六八年。左下方及右下方均有一鬥蟋蟀檔，吸引到不少成人及兒童圍觀。

3

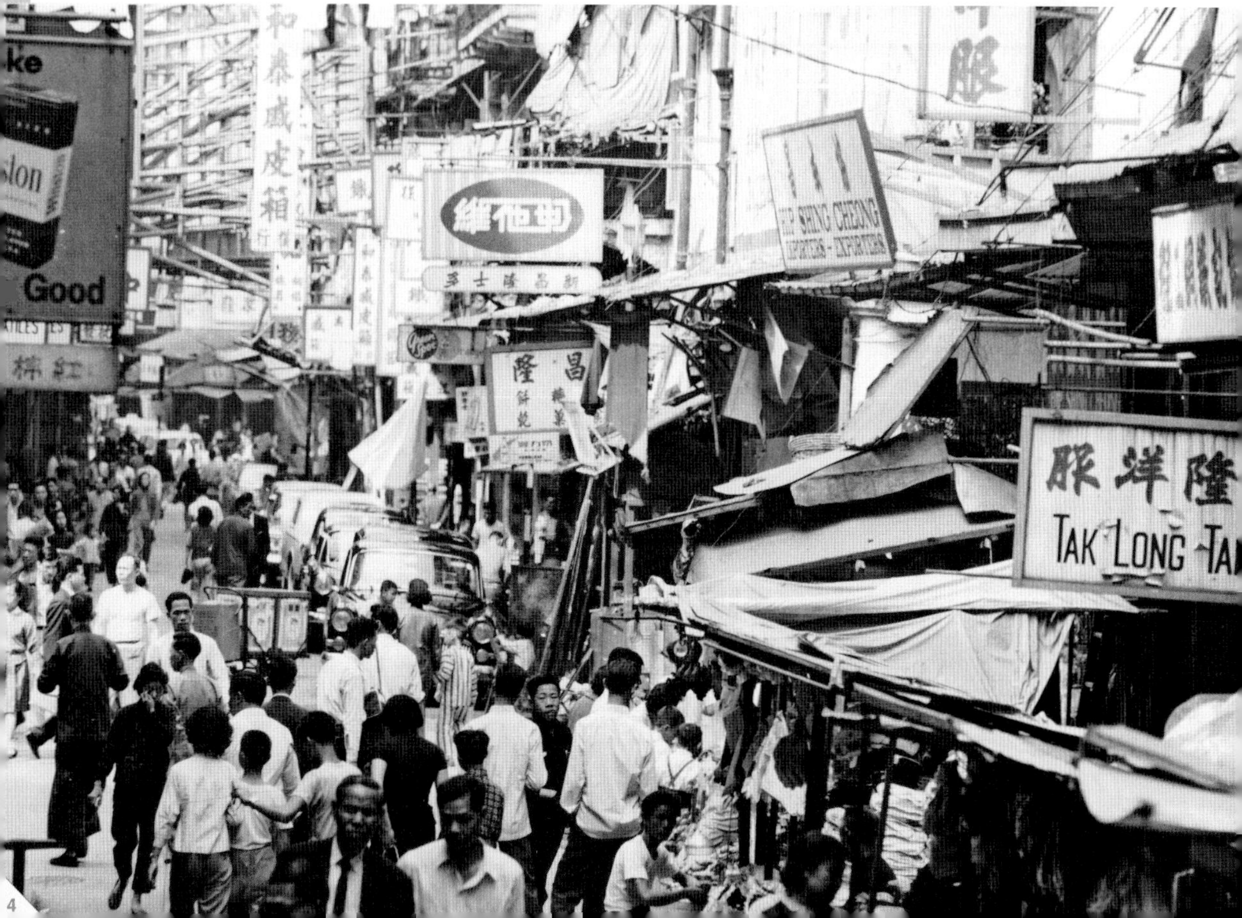

4

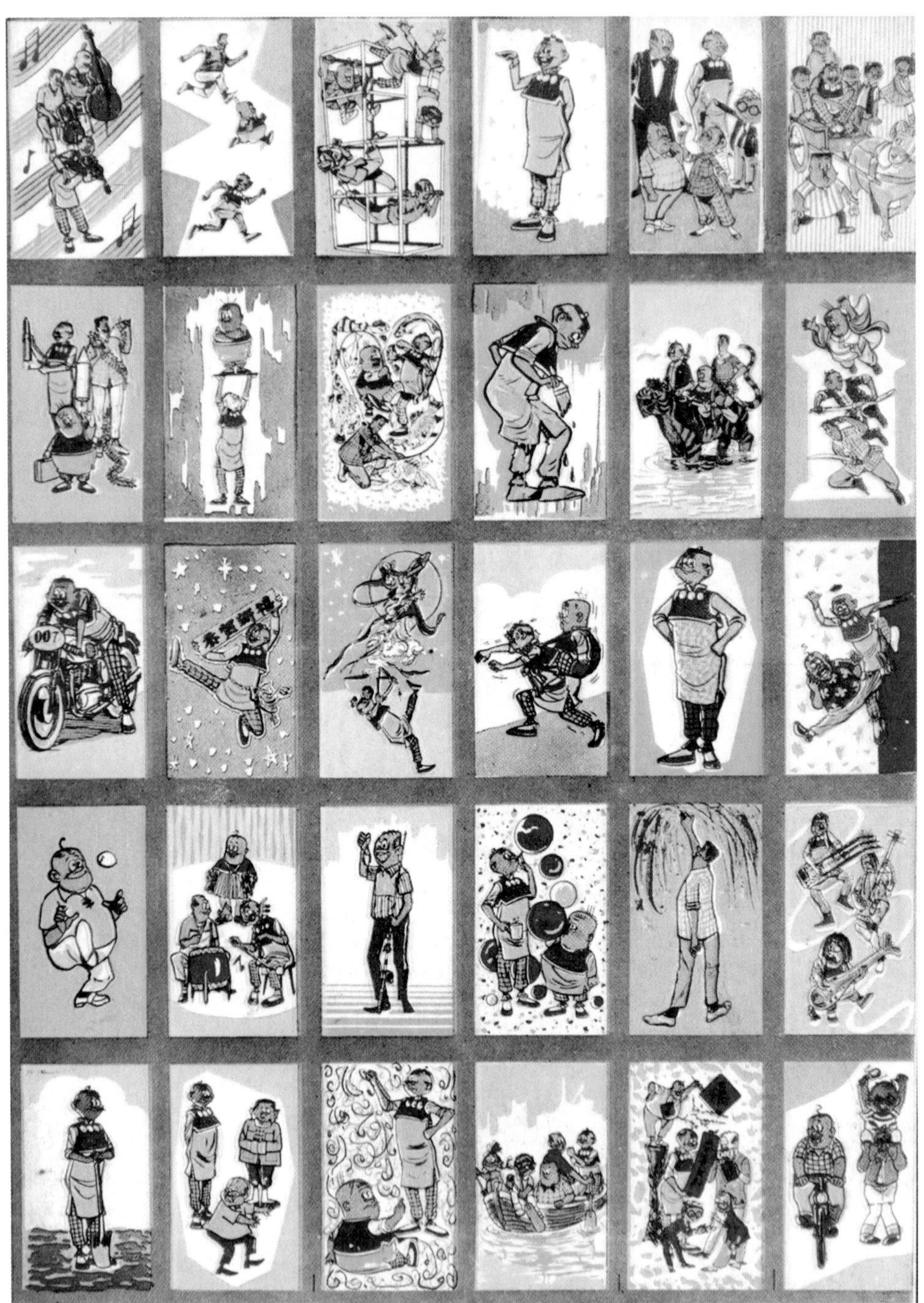

「老夫子」漫畫公仔紙。約一九六六年。

2

1

4

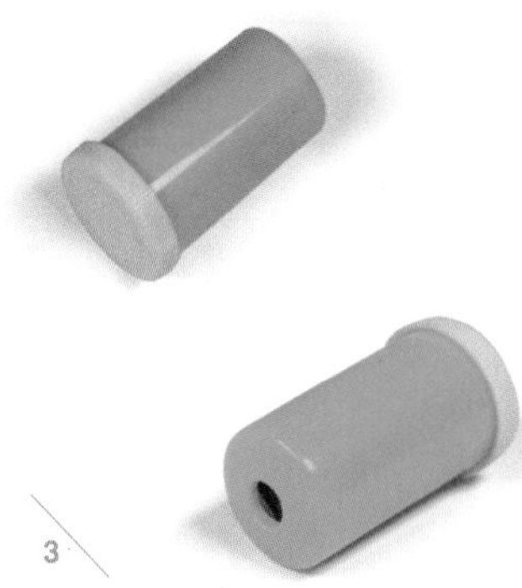

3

港製塑膠玩具，一九七〇年代。

1 | 陀螺

2 | 線牽陀螺

3 | 萬花筒

4 | 手鎗及銀雞（警笛）

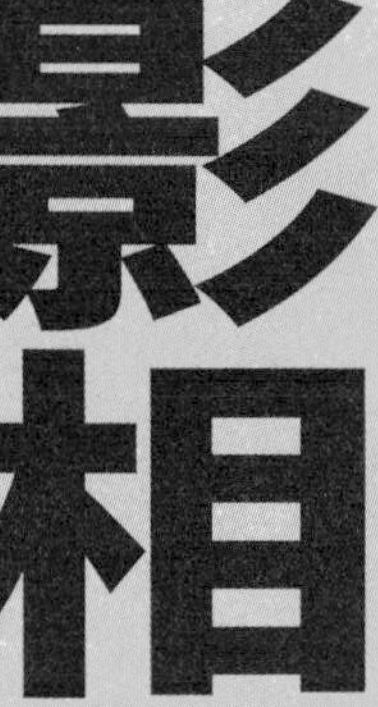
影相

在影樓拍攝的全家福照片。約一九六〇年。

一八五〇年代，已有多間名為影樓、照相館、映相館及寫真館的影相館，在皇后大道中及威靈頓街一帶開設。

當時有迷信的觀念，認為影相會被攝去魂魄，令靈魂失落，尤其是長者和孕婦，對攝影更加抗拒。

不過亦有不少富有人家，到影相館拍攝個人或全家福照片。影相館內多設有園林佈景，亦有各式衣裳甚至戲服供顧客裝扮，尤其是以女士為主，搔首弄姿、顧影自憐以至楚楚可人不等。亦有提供婚宴及喜慶場合外影服務者。

彩色菲林於一九五二年在港出現之前，已有不少塗彩相片出現，部分幾可亂真，部分影相館亦製作印刷明信片及塗彩照片的明信片。

早期至戰後的影相館及影樓，有皇后大道中的繽綸、輝來、華真、光藝；威靈頓街的和昌；雪廠街的美璋以及灣仔大佛口的華興等。光藝、和昌及美璋一直經營至一九六〇年代。

此外，亦有多間影相館於戰後開業於港九的

1

荷李活道、大笪地、皇后大道、莊士敦道、英皇道、彌敦道、加連威老道及上海街等。

五六十年代，有六、七個位於消防局（現恒生銀行）兩邊的域多利皇后街和租庇利街的影「快相」檔，提供領回港證、針紙、學生證等「奇難雜證」所需的快相，有若干檔以一小時取相作標榜。

當時亦有不少影相佬（攝影師），活躍於兵頭花園、虎豹別墅、山頂及荔園遊樂場等景點，替遊人拍照。一九五〇年代中，父親帶我們在兵頭花園找影相佬，拍攝首張「全家福」相片。而我的學生證及回港證等照片，則多在消防局旁及大笪地內拍攝。

和平後至一九八〇年代，很多影相館在櫥窗或四周展示「沙龍」佳作照片，有風景、花鳥、明星及名人等。筆者經常瀏覽的，有告羅士打行（現置地廣場所在）的羅蘇民影室，以及北角華豐國貨樓下的鍾文略影室，尤其喜歡鍾氏有關港九舊建築物和街道的傑作。

1 | 約一九〇〇年的少女像照片。位於九龍尖沙咀伊利近街的楊興影樓拍攝。伊利近街於一九〇九年易名為海防道。

2 | 兩家影樓的各種照相價格廣告，一九四七年二月五日《星島日報》。

由戰後起，包括長城、邵氏、電懋及光藝等多家製片公司，都備有名下電影明星的簽名照片，供影迷函索。

一九八〇年代，在下喜歡手持相機，隨街拍攝，對象有茶樓、戲院、店舖以及人物和街景等，亦喜歡購買早期的照片和明信片，藉此「捉住」當時的景象，以及「尋回」已消失的童年記憶和更早的社會狀況。

憑藉這些材料，更可發掘出若干早期的歷史真相，更欣喜的是得到出版機構的青睞，給予出版的機會，可以和讀者諸君分享。

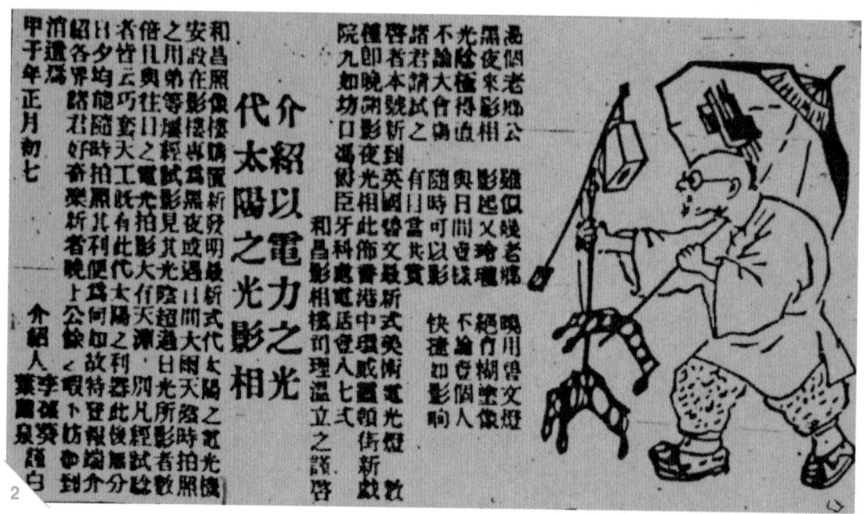

1 | 徠卡 LEICA 攝影機的廣告，一九五八年二月十二日《星島日報》。

2 | 一九二四年威靈頓街和昌影相樓登於《華字日報》的廣告。

約一九三五年由皇后大道中望德己立街。正中可見位於與士丹利街交界的華芳影樓。

鴨巴甸街，由皇后大道中向上望。左右兩方分別有杭州及和昌影樓。右方的樓宇曾為第二代蓮香茶樓，而正中的一座為現時第三代蓮香樓的所在。約一九三五年。

由干諾道中望域多利皇后街，巴士右方之消防局大廈旁行人路上，曾有幾檔「即影即有」的流動攝影檔。大廈於同年拆卸，一九九〇年建成恒生銀行。一九八一年。圖片由何其鋭先生提供。

藝文

十九世紀後期，大眾的娛樂消遣主要為睇大戲、閱報，以及觀賞各類包括雜技、演奏會和粵曲等的表演。

二十世紀初，街頭開始有名為「影畫戲」的電影，電影院亦隨而大量落成，連同自一九二〇年代末開始的電臺廣播，深受歡迎而歷久不衰。俟後，其「風頭」才被無線廣播的電視所取代。一九六二年新大會堂落成後，娛樂表演和各類型的展覽更趨多元化，精采紛陳。

打書釘

約一九二五年的荷李活道。右方可見中華書莊、錦福書坊及文英書局的招牌。同年，《華僑日報》在中華書莊右方的元安里一號及二號創設。

和平後的一九五〇年前後，大量「書坊舖」（書店）在港九各區開設，以迎合當時熱烈的閱讀風氣。

書店最多的是荷李活道兩旁，著名的有兩間位於《華僑日報》旁，而水池巷旁則有一間兼售明信片的泰昌安記，附近亦有一上海書局。

最集中的是介乎鴨巴甸街至嘉咸街的一段荷李活道，面海的有世界、五桂堂、民生及四海書局；向山的則有中國、藝美、百科、精工及華新等書局及印書館。

可以入內打書釘的有百科及藝美；最吸睛的是五桂堂於舖面兩旁張掛出來的多本章回小說封面，如《三國演義》《東周列國志》《封神榜》《西遊記》《隋唐演義》等，不時有顧客被吸引而入內購買。

偶爾跟隨父親在鴨巴甸街與荷李活道間的舊書店及攤檔打書釘，店舖為三益古今書店，攤檔為黃沛記及對面名為「大光燈」的舊書檔，還有另一檔為位於皁利街的李漢。間中會被老闆緊盯，頗不自在，不時需購一兩本以作應酬；三益於一九六〇年代遷往軒尼詩道現集成中心的所在。每當購得資料性的舊書，興奮莫名。

皇后大道中三十五號的商務印書館於六十年代為打書釘勝地，因地方寬敞及書種繁多，加上國畫、新派國畫及木版水印畫，還有設計精美的中國郵票和郵票砌畫，琳瑯滿目，令我一再流連觀看。間中亦會在對面的中華書局欣賞古籍及名人舊書畫。

踏入社會後，仍不時在商務印書館打書釘，購買包括魯迅等名家在內的著作、中國郵票和首日封等，在中華書局購買葉靈鳳的香港歷史著作，一九六七年亦無間斷。當年，曾在鏞記酒家東鄰的三聯書店，購得一套四本的溥儀自傳《我的前半生》。

1 | 位於陸佑行二樓國華書社及雲咸街南洋圖書公司的廣告，一九四一年六月二日《星島日報》。

2 | 一八七〇年代的威靈頓街，由雲咸街西望。當時，這段威靈頓街有包括聚珍等多間書坊舖（書店）及印務館。

約一九六八年，商務及中華曾展銷李可染、吳作人、關山月、錢松喦、黃永玉及黃冑等名家的新派國畫，價錢不貴，惜無餘錢購買，時至今日，大部分已成「天價」的珍藏品。

在昭隆街商務的背後，有一間和平書店。約於一九七〇年改為「新風閣」，我亦不時入內欣賞藝術品和購買郵票。

七十年代，打書釘已成一種消閒娛樂，常往的還有皇后大道中永和街口的新民主出版社，德輔道中的上海書局，租庇利街的上海印書館，對於其店主華先生，印象深刻。

附近干諾道中有一世界出版社，因長年有八折優惠，在此購得若干字典，以及魯迅著作的《而己集》《野草》及《偽自由書》等。同樣因有八折而常往的還有旺角彌敦道的三育書店，以及油麻地的學生書店等。約一九九〇年，亦在上環禧利街吳興記轄下的「香港書城」，用特價購得包括名中醫陳存仁等的多本名家著作。

一九八〇年代初，居於灣仔，不時舉家步往軒尼詩道，在三越百貨對面的商務印書館打書釘，男女老幼，各適其所，選購圖書、課本、音樂盒帶及郵票，為一家大細的最佳節目；逐漸與該店的多位職員和李經理變得熟落，他們亦接受我的支票。

稍後，闊落的三聯新店在域多利皇后街開業，其左鄰為第二代第一茶樓，便常於午飯或午茶後，順步入三聯打書釘。在寬廣舒適的環境下閱讀，十分愜意，亦深被其特設之「香港專題」的多位歷史掌故名家的著作所吸引。

一九九〇年代中，有幸認識到三聯的編輯李安小姐，亦藉此得晤「香港專題」的多位專家作者，因緣際會，促成在下忝為三聯作者的機會。

俟後，亦得以成為中華書局、商務印書館以及中和出版的作者，欣悅莫名。因打書釘而獲得知識上的收穫，再而廁身成為作者，為生平的快事。

1 | 皇后大道中三十五號與昭隆街（左）交界的商務印書館。約一九三五年。其右鄰的洛興行亦有唱片唱機店。正中為第一代華人行。

2 | 約一九五二年的皇后大道中。左方有石級處是位於五十號陸佑行的中華書局，左上方可見「生活、讀書、新知書店香港聯合發行所」（三聯書店）的招牌，所在為皇后大道中五十四號。

報紙

灣仔軒尼詩道與杜老誌道間一報紙檔。約一九六五年。
可見在陳列的《週末報》《中國學生週報》《大公報》《香港商報》及《超然報》等。

十九世紀後期，香港的中英文報業皆已發展蓬勃。當時的英文報章，著名的有《德臣西報》（*China Mail*）及《孖剌報》（*Daily Press*）等。華人報章則有《中外新報》《華字日報》及《循環日報》等多份，其新聞詳盡及內容的精采，與英文報相比，不遑多讓。一九三〇年代，香港電臺的新聞內容，是由約十份華人報章提供的。

和平後，睇報紙為市民主要的新聞資訊來源，亦為消閒方式之一，形成大大小小多份新報章的出版。四五十年代，新舊報章計有日報的《華僑》《星島》《成報》《大公》《工商》《文匯》《先生》《環球》《香港時報》《越華》《真報》《紅綠》《晶報》《新報》《循環》《明報》，以及報導娛樂新聞為主的《真欄》《銀燈》《明燈》及《麗的呼聲日報》等；英文報章則有《德臣西報》《南華早報》及《英文虎報》；至於晚報則有《新生》《星島》《華僑》《工商》及《新晚報》等數份。

一九六一年的統計，共有中文報章二十二

約一九〇五年的干諾道中，右方為德忌利士街旁的德忌利士船公司，左方為第一代的《南清早報》（即後來的《南華早報》）社址。

1 | 一九二七年由皇后大道中望雲咸街，右方樹後的樓宇是三號的《南華早報》。

2 | 約一九三〇年，由德輔道中望利源東街，右方為《大眾日報》社址。《大眾日報》於淪陷時期被《華僑日報》合併。

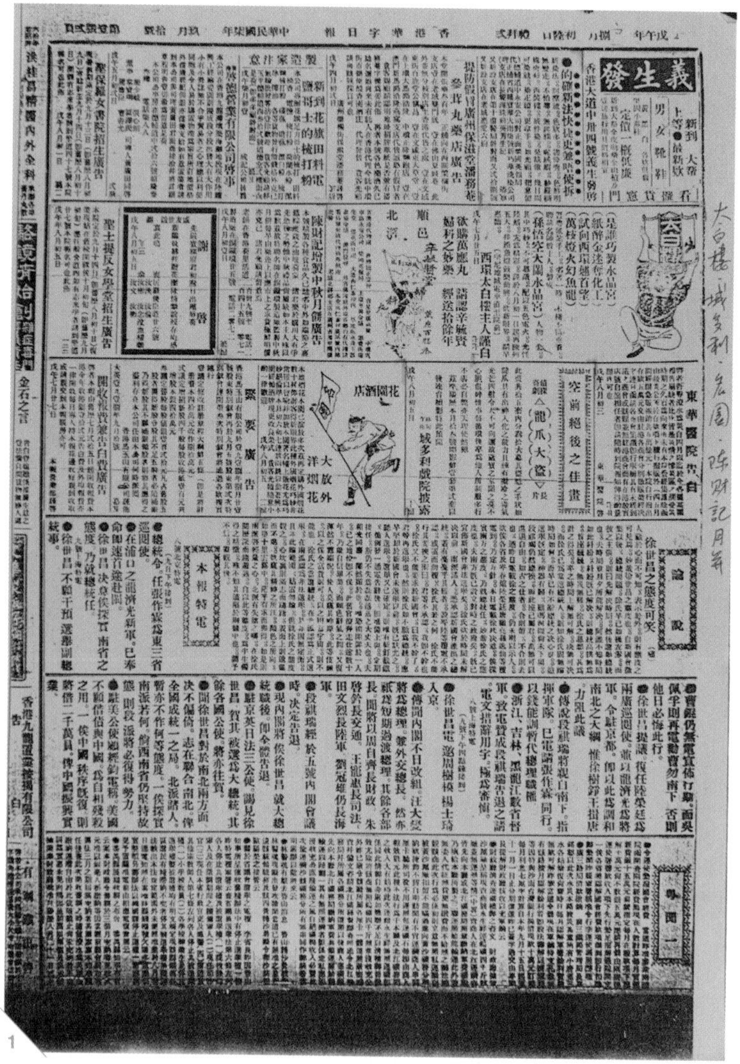

1

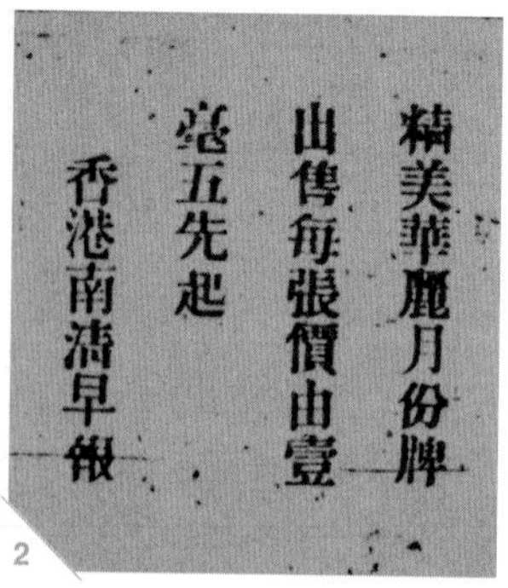

2

1 | 香港《華字日報》版面，一九一八年九月十日。

2 | 《南清早報》出售月份牌報張廣告，一九〇八年十二月三十一日《華字日報》。

份，中文晚報九份及英文報三份。

一九六〇年代新出版的日報有《天天》《快報》《新岷》《星報》《田豐》《東方》《盈科》及《早報》，還有《正午報》《新午報》《南華晚報》《香港夜報》《今夜報》《新聞夜報》及《明報晚報》等。此外還有英文的《星報》，中英文的《香港週報》和《中西日報》。全盛時期的一九七九年，共有日報五十三份及晚報十四份。

早於一九四一年六月二十二日，香港唯一的兒童報《星島兒童週刊》出版。到了一九四八年，《星島日報》附刊「兒童樂園版」，後來改附《星島晚報》，而《華僑日報》亦有由劉惠瓊主編的兒童版。

由皇后大道中望利源西街。約一九三〇年。右方可見《先報》的招牌。正中為位於三號的保心安藥行。

約一九五三年的德輔道中。右方萬興行旁是利源西街，右方為《工商日報》社址，所在現為招商永隆銀行。

五六十年代，跟父親「飲夜茶」時，多購買一毫兩份的「拍拖報」，細心閱讀，「最佳拍檔」是《成報》配《大公》或《晶報》。除新聞外，最吸引的是《成報》副刊內呂大呂及怡紅生的小說、三蘇的大怪文章、古吉言及陳子多的漫畫《大官》和《太平山下的故事》等。而《大公報》的武俠小說版和介紹古今文壇軼事的「文采」版是必讀的，還有《大公報》龔念年及《晶報》陳霞子的社論，還有《晶報》解答讀者疑問的「通天曉專欄」，亦是不容錯過的。

本港唯一兒童讀物

星島兒童週刊

是在校兒童的最好補充教材

是失學兒童的唯一自修讀物

內容期期充實，面目每期新鮮

第十九期今日出版・內容豐富

本期要目

星島日報發行部

1 |《星島兒童週刊》的廣告，一九四一年六月二十二日。

兒童樂園

海底尋珠

動物的天堂

涂全福中醫師

蕭月白

長勝將軍

南海天堂

2 |《星島日報》的「兒童樂園版」及戲院廣告，一九四九年八月二十四日。

一九五〇年代，多家報章都設有獎填字遊戲，促進了找尋資料之舊書攤的生意。

踏入社會後，喜歡閱讀的有《星島日報》由葉靈鳳主編，介紹中外及香港文史的「星座」專欄，以及由「參斧」鄭郁郎主編介紹香港文人雅事的「眾星」版。鄭氏是最先在香港推介「公關」（公共關係）的概念者。

葉靈鳳亦用「霜崖」的筆名，在《新晚報》介紹香港典故，引起我探索香港舊貌的興趣。因此曾影印了一八七〇至一九七〇年，近一百年的多份報章，從字裡行間、圖像及廣告等，試搜索昔日香港風貌的一鱗半爪。

五六十年代，以年青人及學生為對象的，有《中國學生週報》及《青年樂園》，《華僑日報》亦有相類內容的每週專欄，印象深刻的作者為「濃濃」。

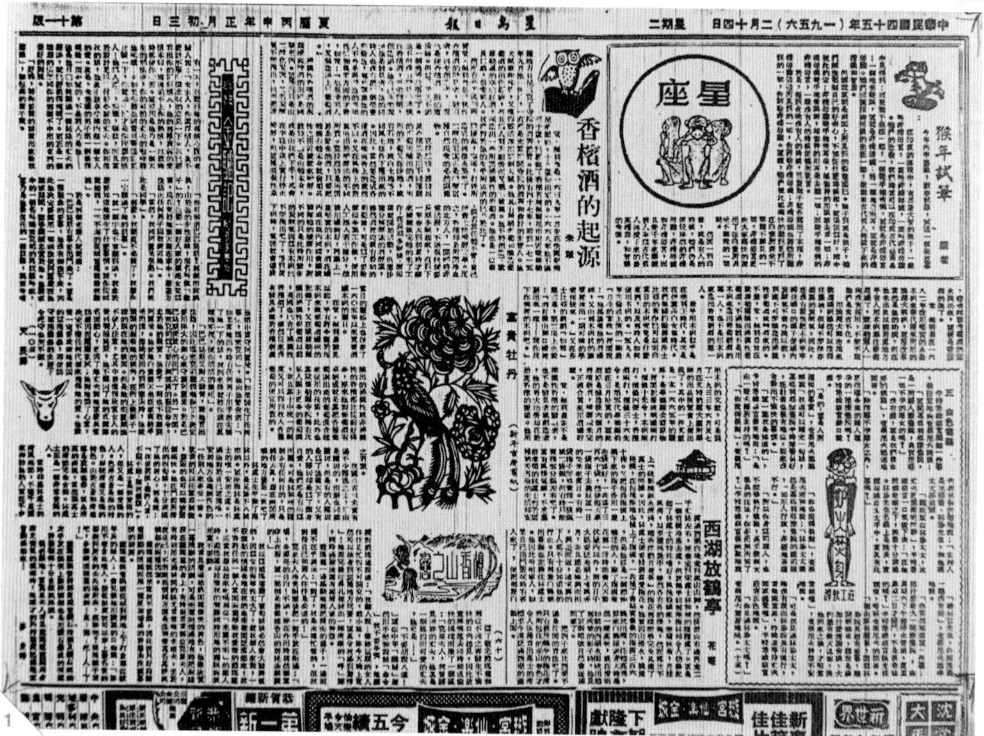

星島日報

星座

猴年試筆

香檳酒的起源

富貴牡丹

西湖放鶴亭

1 |《星島日報》由葉靈鳳主編的「星座版」，一九五六年二月十四日。

2 |《越華報》贈送白燕與張活游的明星照片。

3 | 一九六一年九月四日的《工商晚報》，右邊圖片可見位於彌敦道與旺角道交界，即將拆卸的旺角警署。

工商晚報

太平洋旅遊協會 第十週年會議 明年在港舉行

各地將有五百代表到港

旺角警署將拆卸 原地擬公開拍賣

另覓地點興建新署

山谷道前木屋區 興建廉價屋

打樁工程明年開始

暑期結束 學校復課

學校假期一覽表

菲資金流港 已告減少

生活水準提高？ 冷氣機好市 銷路增一倍

但售價比去年平百分卅

八鄉婦孺醫院 覓地即行動工

盲人合唱團 明年赴美演奏

港大興建 體育中心

股票行情

和緩南風 晨有驟雨

多名警探 互有陞調

西貢巴士失控制 直衝數千碼斜坡

好司機救回四十人生命

赤柱訓練營 失踪兩童 深夜尋回

快活谷恢復晨操 公衆棚擴建將竣

出賽騎師四十餘名

李全親述經過 渡過死亡灣角 全程驚險萬狀

紗廠紛紛採用 巴西廉價原棉

九龍頻發現 英文鹹濕書

霍亂情報

朝報 明日出版

3

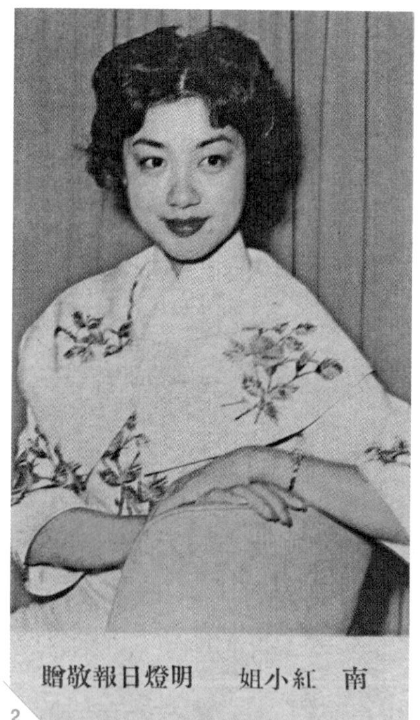

2

1

3

1 | 《銀燈日報》贈送紅伶芳艷芬與女兒合照的圖片。約一九六〇年。

2 | 《明燈日報》贈送電影明星及名伶南紅的圖片。約一九六二年。

3 | 《新星日報》贈送明星陳寶珠的圖片。約一九六八年。

《華燈日報》贈送蕭芳芳及謝賢的圖片。約一九七〇年。

由一九四〇年代起，多家報章皆有漫畫欄及漫畫版，甚至有一報章《漫畫天下》，後來改為《天下日報》。

早期的漫畫家有李凡夫、鄭應章、袁步雲、鄭家鎮、陳子多、李凌翰、香山亞黃、伍寄萍、王澤、林重傑、麥正、董培新、王司馬及嚴以敬等多位，還有小說插畫的周綠雲、高寶等。

精采的報章內容，還有《明報》及《新報》的武俠小說，《正午報》曹聚仁及程思遠的文章，《商報》及《紅綠日報》解答生理疑問的信箱。

若干家報章亦附有週刊或每週專欄，如《星島》的攝影、國畫、西洋文藝及書法，《華僑日報》的文化、旅遊、集郵等多項。《星島晚報》及《文匯報》亦曾分別附送《亞洲週刊》及《百花週刊》等雜誌。

多家報章皆有娛樂、食經、衣物、美容、音樂、賽馬以至夜生活等內容及專欄。

一九六〇年代中，《華僑》《星島》及《工商》等日、晚報已有股市行情及股份推介。一九六九年，股市開始熾熱，有「講股欄」的報章更多了。當中表表者為有林行止及曹仁超專欄的《明報晚報》，我亦在兩位的專欄中獲得「市價與盈利比率PE RATIO」等股票知識。一九七三年，林曹兩位創辦《信報》，亦有大批忠實讀者。

一九六〇年代後期，曾投稿往《新晚報》的學生園地，有數篇獲得刊出，深感快慰。

到了一九九〇年代中開始，若干篇拙文，亦蒙《RECRUIT》《文匯報》《成報》《明報》及《信報》等賜予刊登，是真正嘗到「搖筆杆」及爬格子的滋味，這亦可列為睇報紙的收穫。

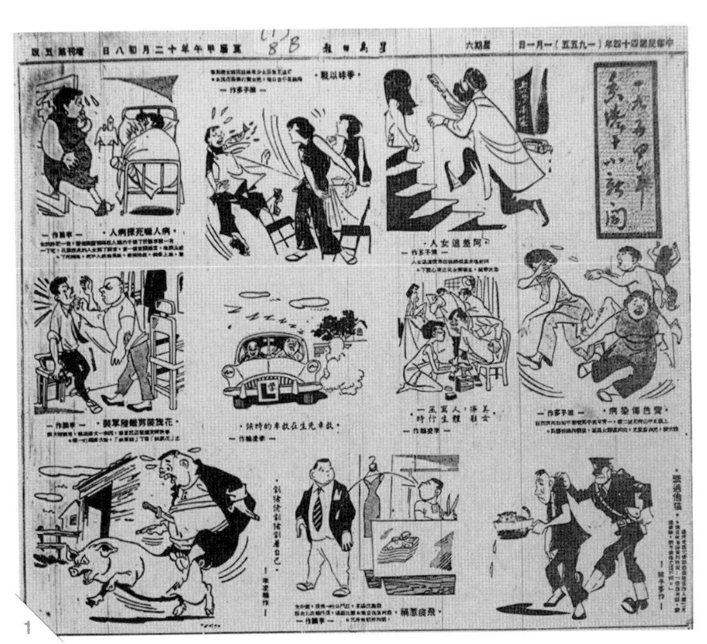

中華民國四十四年（一九五五）一月一日 星期六 星島日報 農曆甲午年十二月初八日 增刊第五張

1 | 漫畫家李凌翰，針對一九五四年十項「小新聞」的時事漫畫。一九五五年一月一日《星島日報》。

2 | 銅鑼灣一報紙檔，一九七四年。可見《天下日報》《先生日報》《晶報》《超然報》《香港夜報》《大公報》《明報》及若干份馬經報。

展覽

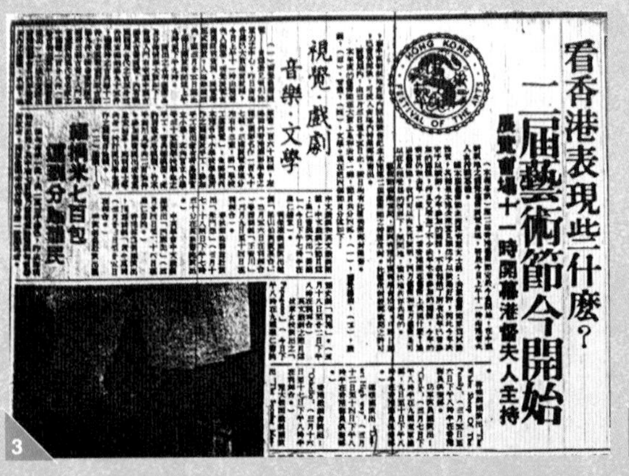

看香港表現些什麼？

二屆藝術節今開始

展覽會場十一時開幕港督夫人主持

視覺、戲劇

音樂、文學

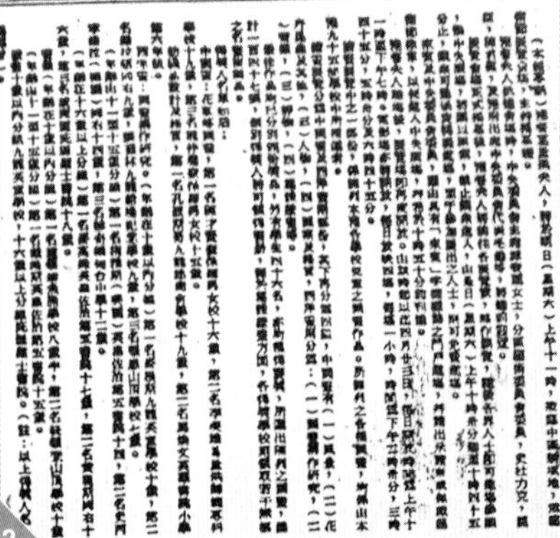

藝術節本週末閉幕

將舉行三項頒獎禮

展覽場星期日給開放一天

有港府珍藏歷史圖片展出

1 | 一九六二年十二月八日起，在大會堂舉辦「香港百年郵票展覽會」的紀念郵封。

2 | 首屆藝術節展覽會在中區新填地揭幕的新聞，一九五五年四月一日《星島日報》。

3 | 第二屆香港藝術節開幕的新聞，展場仍在中區新填地工展會的原會場，一九五六年三月三日《星島日報》。

4 | 藝術節各項展覽，展期二十多天，即將閉幕的新聞，一九五五年四月二十一日《星島日報》。

一九三二及一九三三年，第一、二屆英帝國展覽會在半島酒店旁廣場（現喜來登酒店所在）舉行，展出英國的飛機及汽車等，該廣場後來亦舉行過若干屆工展會。

一九四八年起，位於德輔道中西港城對面，由皇后酒店易名的新光酒店，地下有一條往干諾道中的通道，不時有書畫展覽，我亦常往參觀。

一九五〇年十月，遮打爵士之藏畫及雕刻品，在告羅士打行二樓「英國文化委員會」舉行展覽。同場展出的還有錢納利之學生巴蒂斯達所描繪的早期香港風景，以及一八四〇年代之石印畫。當時的中西畫展已吸引到不少市民參觀。

一九五一年一月七日，青年藝術工作者黃永玉之木刻及畫展，在遮打道與雪廠交界的思豪酒店（所在現為歷山大廈）舉行。該酒店的畫廳為文化及美術界之主要展覽場所。戰後，中國郵學會亦曾在此舉辦過幾次郵票展覽。

一九五五年四月二日，首屆香港藝術節開幕，設於愛丁堡廣場先前的工展會場地；另一場地則為香港大學馮平山圖書館，展出陶瓷及銅器。

第二屆藝術節於一九五六年三月三日開始，仍在愛丁堡廣場；一年後的第三屆仍在同一場地舉行。

一九五八年三月，位於彌敦道金馬倫道口的東方藝術公司主辦張大千畫展；四月十九日，齊白石作品及印章展覽，在中華總商會九樓舉行。

一九六〇年一月九日，張韶石牡丹畫展在聖約翰副堂舉行。張氏被譽為「牡丹王」，他於一九九一年在大會堂舉行牡丹畫展，在下曾訂購一幅，惜張氏於數天後猝逝而未能如願。

一九六二年十二月八日，在大會堂高座舉行的「香港百年郵票展覽會」揭幕，為歷來最盛大者。我在展場可觀賞到琳瑯滿目的香港郵品外，還可購到紀念郵封，增進了集郵的興趣。

一九六三年四月六日，大會堂舉辦半世紀前的照片展覽；翌年五月二十一日，大會堂的美術博物館（香港藝術館及香港歷史博物館的前身），舉辦「香港初秋——百年歷史圖片展覽」，我對香港舊照片的興趣，便是從參觀這兩次展覽開始。

收音機

德輔道中與畢打街之間的中國航空公司，一九五三年六月二日，英女皇加冕出會期間，所在之告羅士打行，長期以來香港電臺位於此大廈的樓上。

除睇報紙外，較高檔的消閒娛樂是聽收音機，因為直到一九五〇年代，聽收音機需安裝天線，及繳付每年的牌費，是頗昂貴的開銷。

香港的中文廣播始於一九二九年八月三十一日。同年某一天，在報章刊登香港廣播電臺的節目內容，由下午一時四十分開始，有天氣報告、粵曲《玉梨魂》及《神仙娥眉》，晚上八時則播西樂，十時三十分完場。

一九三一年起，增加股份及匯水行情、名伶（飛影、小明星及白駒榮）之粵曲、由多家報章提供之新聞播放，以及轉播高陞戲園之大戲。

一九三三年一月十二日，提早至上午十一時啟播，內容有天氣報告、中樂、粵曲、西樂、新聞（由《華僑日報》《華字日報》《循環日報》等約十家報館提供），以及股份匯水行情等。

一九三五年，增加球類賽事，還有名人廣播，使人知其偉論。

一九三六年，大量播放陳非儂、薛覺先、羅慕蘭、白駒榮、白玉棠及呂文成等演唱之粵曲，包括《紅拂女私奔》及《韓文公祭鱷魚》等。

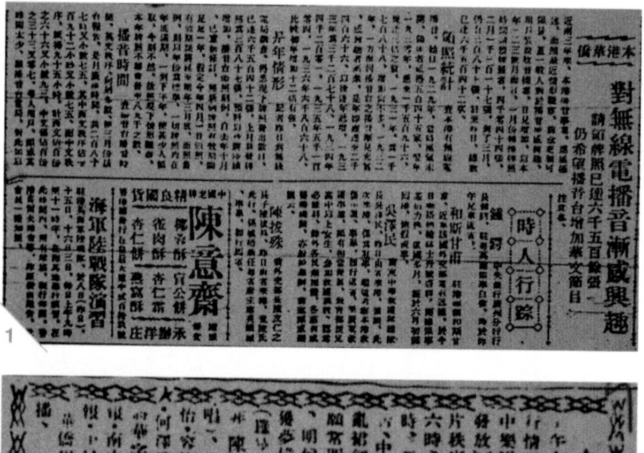

本港華僑

對無線電播音漸感興趣

請領牌照已達六千五百餘張

仍希望播音台增加華文節目

陳意齋

▲今日播音秩序

1 有關本港華僑（市民）對無線電播音漸感興趣的新聞。一九三七年四月九日《華字日報》。

2 刊於報章的香港電臺播音秩序，一九三三年一月十二日《華字日報》。

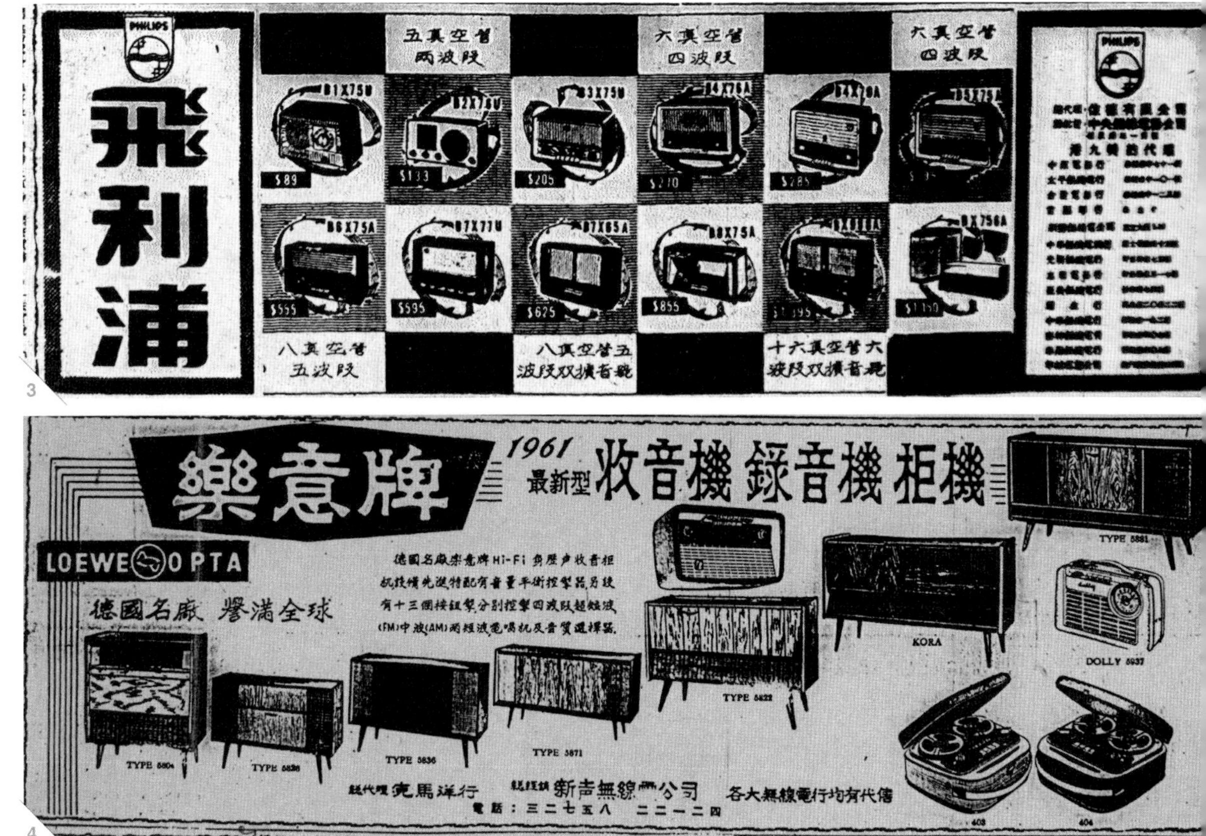

3 | 飛利浦的收音機廣告，一九五八年。

4 | 樂意牌的收音機及錄音機廣告，一九六一年。

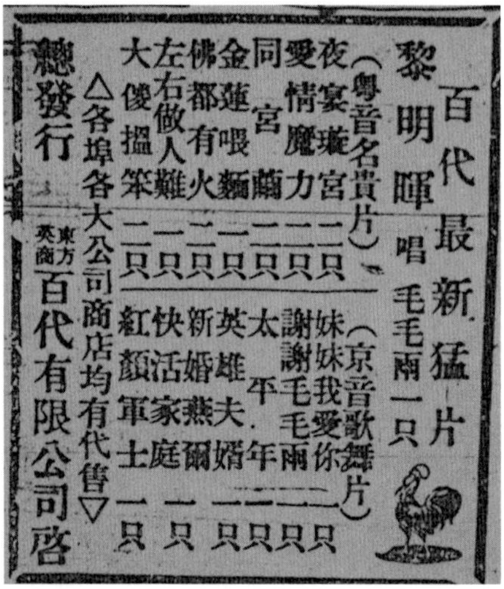

淪陷時期，電臺易名為「香港放送局」，每日播放音樂及粵曲，以及大量日式和宣傳日軍的節目。於不時停電期間，在電臺所在之告羅士打行前，設一播音筒，播放新聞及報時，日軍投降的消息，亦在此播放。

一九四九年三月二十二日，有線廣播電臺「麗的呼聲」啟播，宣稱為本港首創，在歐洲則十分盛行。

百代有限公司的粵音及京音唱片廣告，一九三二年六月十五日《華字日報》。香港廣播電臺亦放這些唱片。

播音時間由上午七時至晚上十二時，有金色（英文臺），以及銀色（中文臺，包括國語及潮語），每月只需八元（稍後增至十元），便可接收節目，又不須購置收音機和安裝天線，大受歡迎。一年後，已有二萬五千聽戶。當年的節目，有：婦女與兒童、跳舞音樂、世界最新消息、商業行情及故事講述等，最受歡迎的是李我的天空小說。

一九五五年，麗的節目有：國粵語及潮語新聞、粵曲、時代曲、粵語流行曲、倫理小說、戲劇化小說如《紅樓夢》及《水滸傳》等。最多人議論的是晚上十一時多播放之恐怖鬼怪內容的「夜半奇談」，很多人在「被竇」內收聽，如「女鬼嫁人」等，恐怖又刺激。當年流行的時代曲，有周璇的《夜上海》、姚莉的《玫瑰玫瑰我愛你》，及吳鶯音的《明月千里寄相思》等。

兩個電臺亦不時播放包括費明儀、田鳴因及楊羅娜等歌唱家所演唱的藝術歌曲。一九五六年，最熱門的是內地歌唱家周小燕的《百靈鳥你

有線廣播電臺麗的呼聲的照片和廣告。約一九五〇年。

這美妙的歌手》及《我的花兒》等多首民歌。

香港電臺受觀迎的節目，有廣播劇《女飛賊黃鶯》、《福爾摩斯探案》、中國章回小説、南音及西方古典音樂，間中亦轉播戲院上演的粵劇。著名的播音員有鍾偉明、張雪麗、鄭鏡彬及張婉蓉等。一九五九年五月二十六日起，香港電臺才開始由上午七時到晚上十二時的全日廣播。

一九五八年七月十九至二十日一連兩晚，麗的呼聲為東華醫院籌建新廣華醫院，舉行紅伶義唱募捐，演出的粵劇名伶有麥炳榮、何非凡、鄧碧雲、鳳凰女、芳艷芬、吳君麗、任劍輝、白雪仙、羅艷卿、林家聲及陳錦棠等。

李我敬向全體新聞記者道歉啟事

敬啟者本月四日鄙人在麗的呼聲電台講述「鬼屋」故事其中措詞有侮辱中外新聞記者之處自知不合謹遍登全港中西大小各報公開向中外新聞記者致最大歉意並保證今後不再有同樣事件諸希亮察

李我敬啟

一九五〇年三月十六日

1 | 麗的呼聲電臺播音員向全體新聞記者的道歉啟事，一九五〇年三月十八日。

2 | 麗的呼聲介紹節目內容的廣告，一九五〇年二月二十六日《星島日報》。

3 | 麗的呼聲有關廣播時段及機身的廣告，一九五三年六月十六日《星島日報》。

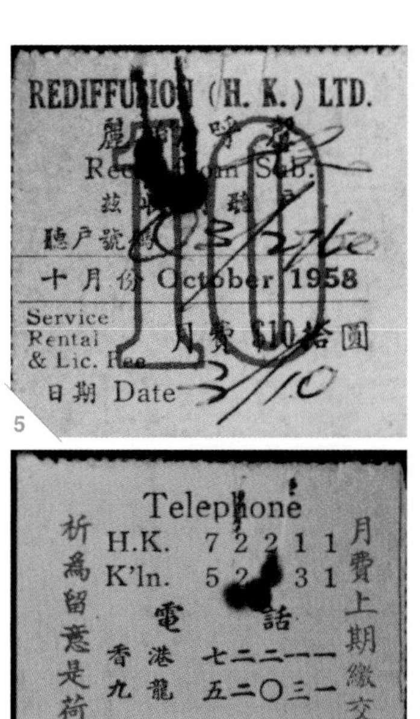

「恭喜發財」濟貧請早
電台今晚最後點唱
溜冰義演招待貧童
胡陳金枝女士首購票五百張
贈貧童入場參觀盼各界贊襄
足球總會捐五千元潮商互助社捐衣

4｜香港電臺及麗的呼聲舉辦歲晚濟貧點唱節目，一九五六年二月四日（農曆年廿三）。

5、6｜麗的呼聲電臺的月費收據，一九五八年十月份。

稍後，麗的呼聲亦主播新馬師曾單刀義唱，為賑災籌款。兩者均吸引到大量聽眾及善信。

一九五九年八月二十六日，位於荔枝角的「香港商業廣播電臺」啟播，當年正值「原子粒」（半導體）手提收音機普及，加上擁有包括李我、蕭湘、周聰、馮展萍、張清、丁櫻、艾雯等播音員，推出精采的天空小說及雷克探案等廣播劇，一炮而紅。

當時，三個電臺皆有播出年青人喜愛的國粵語時代曲和歐西流行曲，以及祝壽祝婚點唱節目。

一九六〇年代，經常收聽的有港臺及麗的呼聲，轉播自倫敦電臺的粵語新聞和英語教授；港臺及商臺分別由陳浩才及李詩曼主持的古典音樂介紹，麗的呼聲由湛森及丹萍主持的「曲中情」。

至於受到普羅大眾歡迎的，有港臺劉就及麗的杜煥主唱的南音，港臺的中國章回小說，麗的呼聲之鄧寄塵的諧談及方榮主講不時提及「大刜雞牛白腩」的古老故事，以及商業電臺的民間傳奇等。

今日播音節目

台電播廣港香

台電色銀聲呼的麗

台電色金聲呼的麗

表目節(視電綫有)聲映的麗

香港電台

播音節目

一九六〇年代初，三個電臺紛紛推出精采節目，包括主打的賽馬及球賽等以爭取聽眾。麗的之金色電臺，於香港政券交易所開市買賣時，現場直播成交實況，深受股民的歡迎。

到了一九六〇年代中，麗的呼聲以「聽眾點播節目」為名，「翻抄」重播舊廣播劇，聽眾逐漸流失。到了一九七三年，麗的之有線電臺停播，股市直播亦因而中斷，股民大感失落。

自一九五九年起，手提原子粒收音機，是普羅市民的「身份象徵」，差不多是人手一部，一如現時的手提電話。尤其是賽馬日及澳門賽狗夜，多家茶樓及茶居，皆擠滿手持收音機的馬迷狗迷，一邊聽「貼士」，一邊落注（外圍投注），此現象一直維持至馬會場外投注站遍設為止。

1 | 香港廣播電臺，麗的呼聲銀色電臺、金色電臺以及麗的映聲（有線電視）的廣播節目表，一九五八年六月十一日《星島日報》。

2 | 一九五一年的中環，可見同年落成的中國銀行大廈。左二為一九五〇年落成的大東電報局水星大廈，香港電臺亦於一九五一年由告羅士打行遷至此。

3 | 香港電臺、商業電臺、麗的呼聲銀臺及麗的呼聲金臺由正午十二時至晚上十二時時段播音節目表，一九六一年七月二十八日《工商晚報》。

商業電台

麗的呼聲銀台

麗的呼聲金台

電視

無線電視的劇照。約一九八一年。
左、中、右的藝員為顏國樑、梁葆貞及黃新。

有線廣播電臺的麗的呼聲，名下的有線電視，於一九五七年五月二十九日啟播，為英國所有殖民地之首。當年的月費為三十五元，牌照費每年三十六元，播映時間為下午五時至六時，七時至十一時。星期六、日則為下午二時至十一時。當年已有不少中上階層的家庭安裝。

麗的呼聲電臺及電視的臺址，位於大佛口軒尼詩道與軍器廠街交界。一九五八年將此臺址售出而購入告士打道，六國酒店東鄰金城戲院，改建為麗的呼聲大廈，於一九五九年五月二十七日落成。

不少士多、雜貨店旋即安裝電視，蓋搭多層（實為「格」）的「觀眾席」，供觀眾「睇電視」（情況一如沙田萬佛寺的佛），每半小時收一毫。

亦有大量涼茶舖，半空懸一電視及加裝座位，恍如一迷你戲院，光顧一杯飲品可看電視半小時。

節目全為外國片集，如偵探、戰爭及蠻荒探險等，亦會放映舊粵語片。晚上會播映新聞及「麗

有線電視本週節目

四月二十二日星期二

四月二十三日星期三

四月二十四日星期四

四月二十五日星期五

四月二十六日星期六

1　麗的呼聲有線電視一週的節目表，一九五八年四月二十二日《星島日報》。

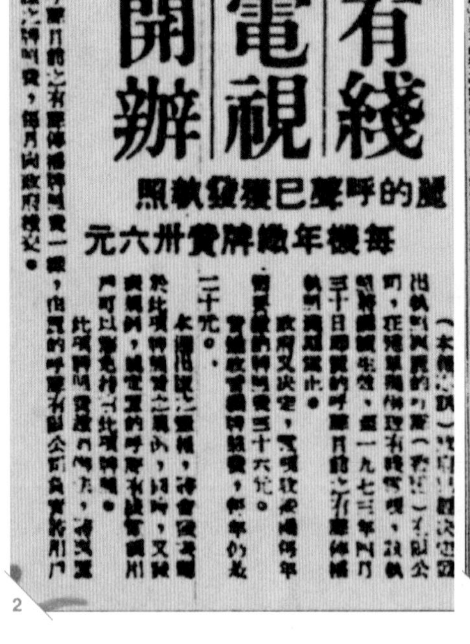

有綫電視開辦

麗的呼聲已發執照

每機年繳牌費卅六元

2　有關麗的呼聲有線電視開辦的新聞，一九五七年三月六日《星島日報》。

的呼聲夜總會」，電臺亦同時轉播。

一九六七年十一月十九日，無線電視啟播，因節目頗豐富，尤以「歡樂今宵」及隨後的詳盡新聞很受歡迎。

由當時起，不少公園及廣場亦裝上一部電視機，以娛市民，每部機前，皆附一藍色膠片「以防輻射」。

一九七三年，麗的呼聲及香港商業電臺各獲一電視臺牌照，全為無線廣播，商臺的電視臺名為「佳藝電視」。三個電視臺的大部分節目為彩色廣播。

此時，電視變得普遍，差不多家家戶戶都擁有，公園及涼茶舖的電視亦漸消失。三家電視臺的劇集皆有很高的收視率。電視藝員的知名度，蓋過電影明星。

一九七八年，佳藝電視結業；一九八一年，麗的電視被澳洲財團收購；一九八二年，再易手予邱德根，易名為「亞洲電視」。

到了一九九三年，有線電視啟播。

一九五九年的告士打道，右方為杜老誌道碼頭。右中部可見樓頂有「R」字的麗的呼聲大廈，現為富通大廈。

1 | 麗的呼聲電視月費收據，一九七一年十一月份，當時的月費為三十四元。

2 | 無線電視藝員黃淑儀。約一九七六年。

3 | 電視紅星汪明荃。約一九八〇年。

1

2

文志唱片

香港文志唱片公司

洛琳電影公司

LOK LAM FILMS COMPANY

QUEEN'S
QUEEN'S
TERRIFIC,
EXCELLENT,
MAGNIFICENT!
"THE SEARCH"
LATEST
NEWS OF
THE DAY
EXIT
EXIT

電影

第一代皇后戲院。約一九五二年。

一九〇〇年前後，被稱為形圖、化學法戲及影畫戲的電影，是在街頭、曠地、會所及大戲園上映者。港九的第一間電影院分別為港島的比照以及九龍甘肅街的廣智，比照於一九三一年改建為娛樂戲院。比照於一九一三年派發「戲橋」，以及於一九二一年提供「宣講員」（解畫佬），兩者皆為介紹電影的內容者。

一九一〇年起，包括香港、域多利、亞力山打、景星、新世界等影畫戲院紛紛落成，香港影畫戲院旁有一條戲院里，該院於一九二四年改建為皇后戲院。新世界的鐵架解畫佬高臺，於一九六〇年代仍原封不動。一九七〇年代易名為「恒星」。

一九三〇年代的著名戲院，港島有中央、國泰、國民、東方，九龍有大華、油麻地、勝利、新華、北河及彌敦等。

和平後港島的新戲院有樂聲、真光、金陵、環球、璇宮、京華、紐約及豪華，九龍的有百老滙、快樂、樂宮、麗斯及百樂門等。

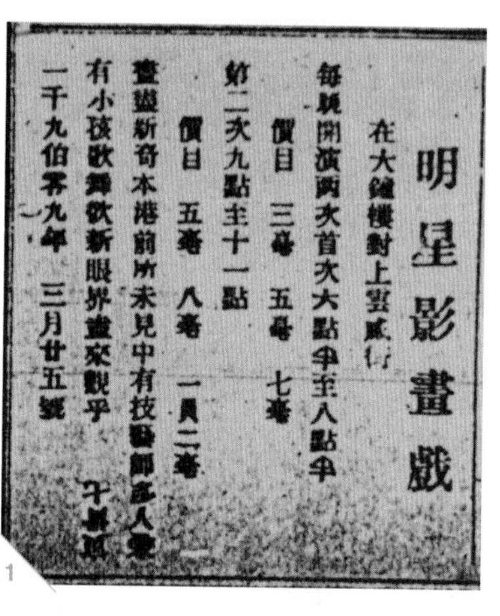

明星影畫戲

在大鐘樓對上雲咸街

每晚開演兩次首次大點半至八點半

價目 三毫 五毫 七毫

第二次九點至十一點

價目 五毫 八毫 一員二毫

畫盡新奇本港前所未見中有技藝師彪人聚

有小孩歌舞欲新眼界盡來觀乎

一千九伯零九年 三月廿五號

▶新比照最優等戲院◀

由十二月初九日起至十二日止

英雄難過美人關 分五大幕

是齣爲名伶之傑作極臣非常離奇內容描寫人心險詐作奸犯科謀財謀色卒身敗名裂自飲其害而天生麗質獨受[illegible]

實係是好看諸君盡興乎來

另加好笑畫

時間價目

日場兩點半 頭等六毫 二等三毫

日場五點一刻 頭等八毫 二等四毫

尾場七點一刻 頭等六毫 二等三毫

尾場九點一刻 頭等一元二 二等八毫

四場均有西樂助興

（電話一七四三）▲（小童折半）▼

1 |「在大鐘樓（畢打街）對上」雲咸街一號明星影畫戲院的廣告，一九〇九年三月二十七日。稍後依次改名為沙崙、比照及新比照戲院，於一九三一年連同皇后大道中三十四號舊香港會，改建為娛樂戲院。

2 | 新比照戲院的廣告，一九二一年一月十九日《華字日報》。

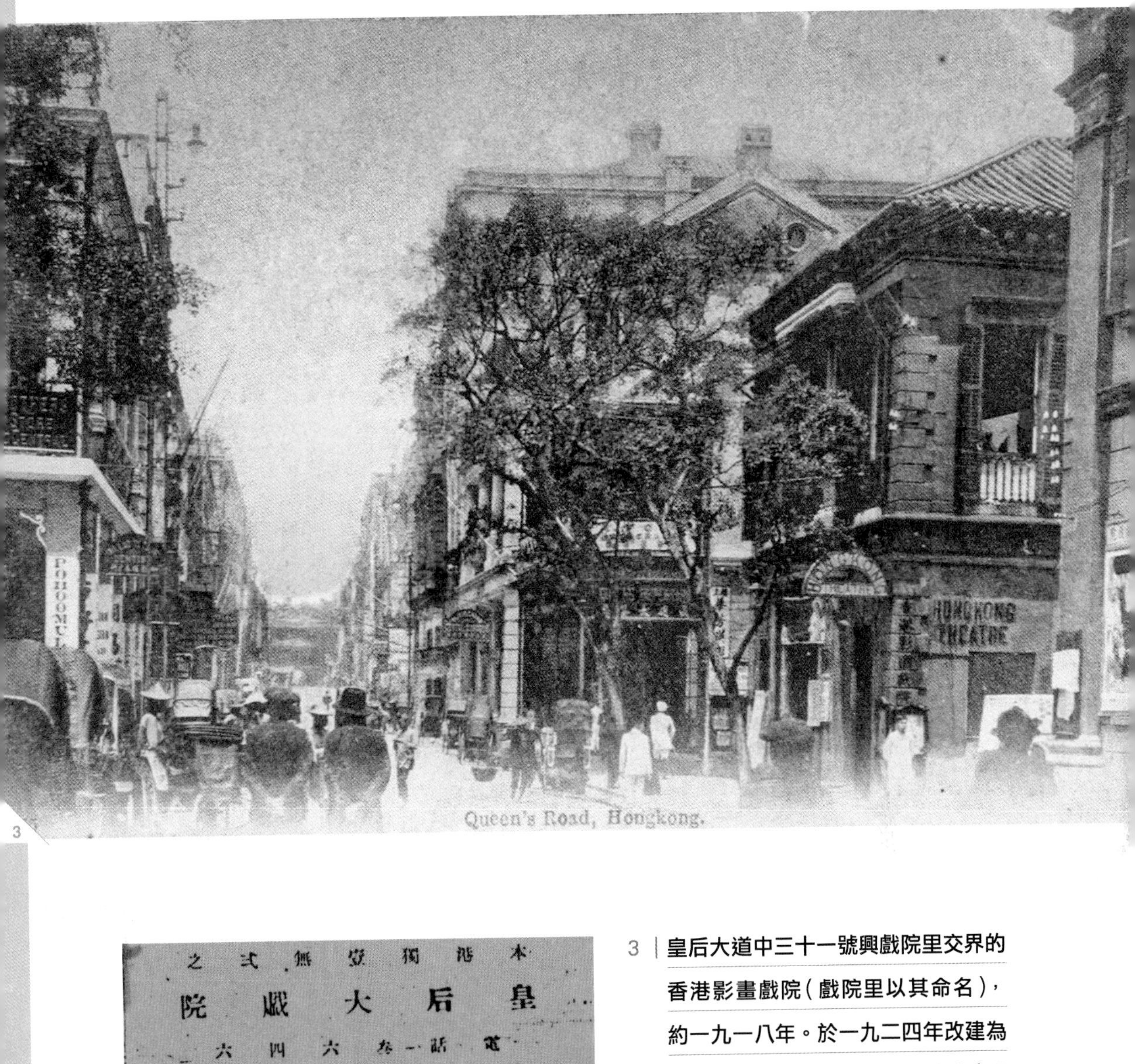

Queen's Road, Hongkong.

3

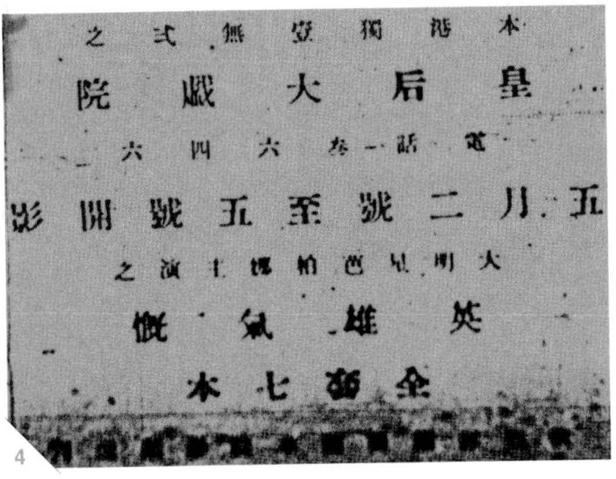

4

3 皇后大道中三十一號與戲院里交界的香港影畫戲院（戲院里以其命名），約一九一八年。於一九二四年改建為皇后戲院，右方為位於舊田土廳（現華人行所在）的一間臨時電影院。

4 皇后戲院的開業廣告，首映猛片為《英雄氣概》，一九二四年五月一日《華字日報》。

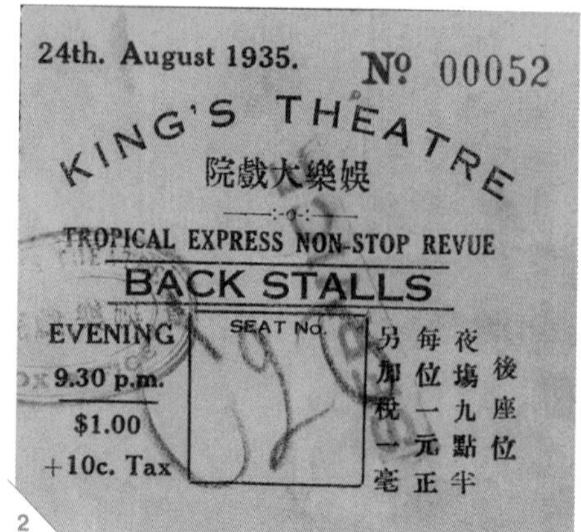

幻遊火車

'KINETOPHONE.'

有聲有色活動影畫

每晚在大會堂開演直至報截

微漬棉花出投

亞利山打影畫戲

1 | 在中環「大馬路」(皇后大道中)「舊田士廳」(現華人行所在)開演(上映)《幻遊火車》電影之廣告，一九一二年五月二十九日《華字日報》。

2 | 娛樂戲院的電影戲票，一九三五年八月二十四日，當時的票價一元一毫，以這個價格可購白米三十多斤，是十分昂貴的。圖片由吳貴龍先生提供。

3 | 設在錫麟(泄蘭)街二號，近大鐘樓的亞力山打影畫戲院的廣告，一九〇九年二月二十四日《華字日報》。

4 | 在大會堂開演，有聲有色活動影畫(電影)的廣告，一九一三年四月二十九日《華字日報》。

一九四八年皇后大道中三十四號的娛樂戲院，當時正上映國語片《國魂》。

欲登告白者請來南華早報問（JE軒各）議價可也

女明星愛蓮列治主任

新世界影片

迷途婦人

全部八本

Irene Rich in "A Lost Lady"

下期新歷十一月廿九及三十日五點一刻及九點一刻換映

即日兩點半及七點一刻開映

注意

火燄山

又名

孫行者三調芭蕉扇

長城影片公司宏偉出品

楊愛立劉繼羣的合作品

域多利即日影畫

砵甸乍街口

戊午正月廿三日

1 | 砵典乍街與德輔道中交界，域多利影畫戲院的廣告，一九一八年三月五日《華字日報》。

2 | 新世界影畫戲的「戲橋」的正面和背面，一九二七年十一月二十七日。

一九五〇年代，「搖衫尾」去包括太平、金陵、中央、高陞及新世界等戲院看電影，包括黃飛鴻片集，《光棍姻緣》《光緒皇夜祭珍妃》《孔明三氣周瑜》及《荊軻刺秦皇》等，演員有關德興、梁醒波、新馬師曾、任劍輝及吳君麗等多位。印象深刻的是一九五五年，在兩位小學老師帶領下，在一流的娛樂戲院，觀看一套西片《深宵兇影》。一九六一年起實施一人一票制度。

六、七十年代，可以在多間新舊戲院觀看電影，包括西片的《風雲群英會》《六壯士》《賓虛》《花都奇遇結良緣》《窈窕淑女》《教父》及《大白鯊》等。

國語片則有《江山美人》《不了情》《星星月亮太陽》及《南北和》等。演員有林黛、趙雷、樂蒂、關山、張揚、葉楓及尤敏等。

最喜歡的是長城及鳳凰製片公司出品，由傅奇、石慧、夏夢、朱虹及高遠等主演的電影如《情竇初開》《樑上君子》《三看御妹劉金定》《金鷹》及《我來也》等國語片。

由干諾道中望砵典乍街的域多利戲院。約一九一五年。

左方的三層高樓宇於一九五七年改建為萬宜大廈。

一九六〇年前後，光藝及新藝製片公司，製作了多部由謝賢、胡楓、周聰、南紅、嘉玲、江雪及姜中平等主演的寫實粵語片，如《難兄難弟》《樓下門水喉》《瓊樓魔影》及《春到人間》等，多深受青年男女的歡迎。

1 | 九如坊新戲院的電影專刊。約一九三〇年。

2 | 電影《光棍姻緣》的場刊，一九五三年，電影的主題曲流行多年。圖片由吳貴龍先生提供。

3 | 電影《樓下閂水喉》的場刊，一九五四年，該片由謝賢主演。圖片由吳貴龍先生提供。

4、5 | 鉅片《賓虛》及《蘇絲黃的世界》之廣告，一九六一年。

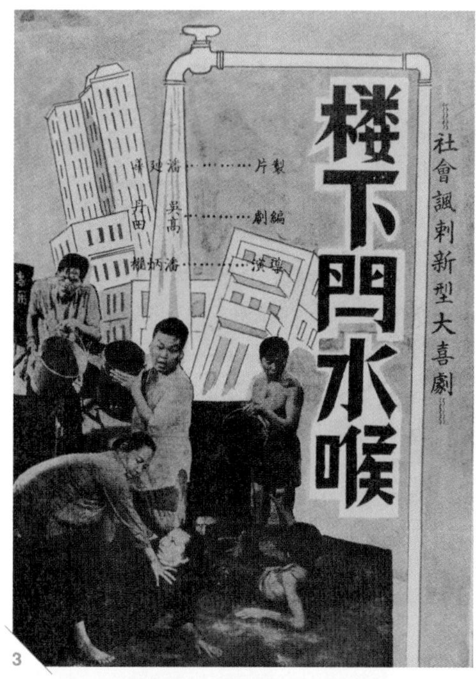

3

4

5

2

1

1 | 長城公司影星夏夢。約一九五五年。

2 | 邵氏公司影星林黛。約一九五八年。

3 | 邵氏公司影星樂蒂。約一九六二年。

4 | 電懋公司影星葉楓。約一九六〇年。

5 | 電影明星羅劍郎。約一九五五年。

6 | 電影明星林翠。一九五三年。

7 | 長城公司影星石慧。約一九五五年。

3

4

7

6

5

1 | 光藝公司影星謝賢。一九六二年。

2 | 電懋公司影星葛蘭。約一九六〇年。

3 | 電影明星薛家燕。約一九六八年。

曾光顧的電影或戲院當中，高陞戲院約於一九六〇年曾遭火警虛報，觀眾奔走逃命，遺下數大籮木屐，成為新聞。

位於灣仔分域街，由萬國殯儀館改建落成的東城戲院，一直都有駭人聽聞的傳說，尤以女廁內者為甚，故常見「護花」男士，站於廁門外。個人曾多次在該院看電影，可用「鬼影都冇一隻」來形容。

高檔的利舞臺戲院，女帶位員的制服，整齊端莊，一如OL。一九八〇年代初，某大英資銀行的女職員制服，被笑稱為「利舞臺帶位裝」。

港島的中央戲院，以及旺角的東樂戲院。約於一九七〇年，上映電影前後，加演真人表演艷舞，往往因「跳得出位」或「跳得鹹濕」而遭警察干涉。

▲露天有聲電影消息

際茲夏日炎炎、環顧香島戲院林立、而欲求一適合衛生而應夏日之需求者、有若鳳毛、因此最近有某影界中人、鳩資在灣仔新填地建築一露天有聲影戲場、名曰「樂園」、[illegible]等大公司上等有聲猛片放映、特別裝設英國最新式有聲機、聞此種機特為放映露天有聲電影而設、在本港可說是空前之創舉、場內陳設幽雅、空氣充足、座位二千餘、券價低廉、務以適合平民化為宗旨、現已加工趕築、聞下星期便可開幕云、

灣仔新填地（現修頓球場所在），「樂園有聲電影戲場」將開幕的新聞，一九三二年六月六日《華字日報》。

1 | 位於菲林明道與譚臣道交界的東方戲院，約一九五五年。一九八〇年代連同左鄰的英京酒家改建為大有廣場。

2 | 淪陷時期一九四三年灣仔菲林明道東方戲院戲票。圖片由吳貴龍先生提供。

3 | 淪陷時期一九四三年皇后大道中二百七十號中央戲院的戲票。圖片由吳貴龍先生提供。

3

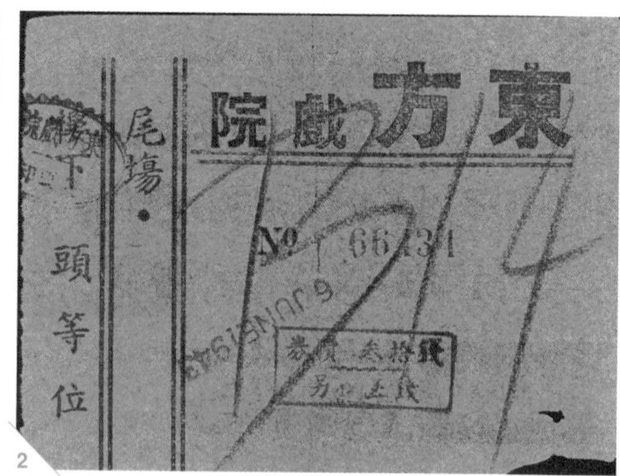

2

4 | 銅鑼灣怡和街樂聲戲院開幕首獻的廣告，一九四九年七月二十一日《星島日報》。

5 | 樂聲戲院的戲橋，一九五七年一月。

"QUEEN OF BABYLON"

SYNOPSIS

A great tragedy befalls the Kingdom of Babylonia, the Assyrians came and conquered it. Leaders of the Chaldean tribes are subjen to humiliation. Amal, one of them, angers the As yrian king, Assur, and flees for his head through the help of a Chaldean girl, Semiramis, who falls in love with him. The Assyrian soldiers capture a number of Chaldean girls, from whom the dancers for the sacred dance are to be selected. Semiramis is amongst them. Both Assur and Sibari, his cousin and commander of his armies, want to keep Semiramis, but she refuses to gratify their wishes.

Amal comes back and manages to carry off Semiramis. Sibari has been expecting this and has Amal made prisoner. Sibari forces Semiramis to marry Assur; Semiramis has to obey so as to save Amal's life. Sibari invents a game in which the prisoners are to fight the crocodiles. Assur and Semiramis, the King and Queen, witness the death of the Chaldeans in the crocodile fight. Amal curses them, Assur, the tyrant, and Semiramis, the traitor of her own race and blood. Semiramis stops the programme, which is half way through. Assur spares the prisoners' lives. Semiramis sees Amal, revealing her love for him. Amal also asks for forgiveness. Back in the Palace, Semiramis finds Assur murdered by Sibari, who accuses her as murderess instead.

Amal is informed of the danger. He gathers his fellow-tribesmen and fight the Assyrians in a terrific combat in Babylon. Victory goes over to Amal at length. Babylonian kingdom rises again, glorified by Semiramis as its Queen.

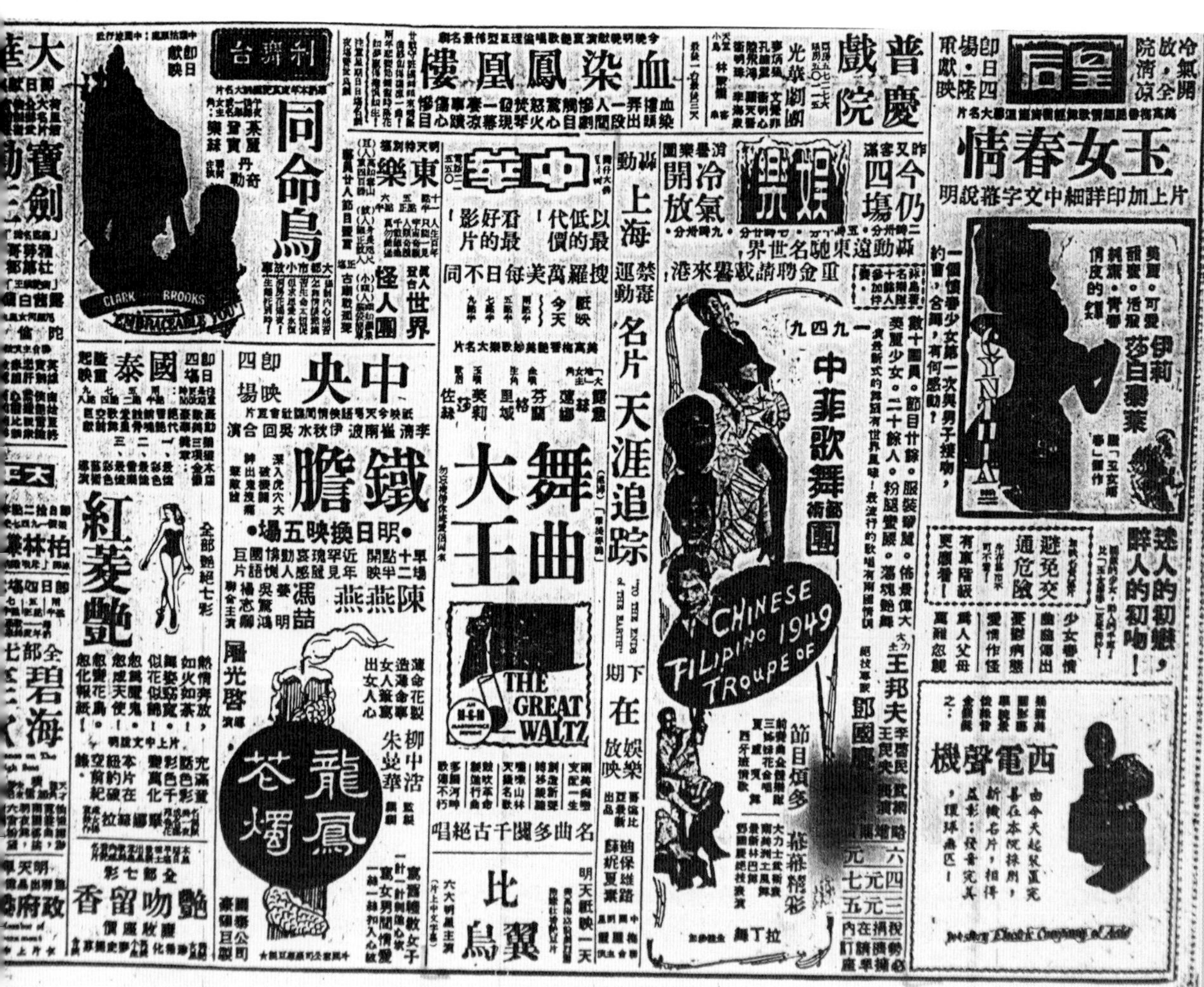

皇后
冷氣開放，全院清涼
即日四場重映
玉女春情
片上加印詳細中文字幕說明
伊莉莎白泰萊
迷人的初戀，醉人的初吻！

普慶戲院
光華劇團

娛樂
昨今又仍四場
冷氣開放
重金聘請载譽來港
中菲歌舞藝術團
一九四九
CHINESE FILIPINO TROUPE OF 1949
王邦夫
鄧國嚴
節目傾多
拉丁舞

血染鳳凰樓

中華
以最低的代價
看最好的影片
搜羅萬美每日不同
東樂世界
怪人園
舞曲大王
THE GREAT WALTZ
名曲多闋千古絕唱
比翼鳥

上海
名片天涯追踪
下期在娛樂放映

利舞臺
即日獻映
同命鳥
CLARK BROOKS

中央
即日四場映
鐵膽
陳燕燕
馮喆
明日換映五場
龍鳳花燭

國泰
即日四場
紅菱艷
全部艷絕七彩

大華
寶劍
碧海
艷吻留香

西電聲機

報章上的戲院廣告，除皇后、娛樂、利舞臺、普慶及大華等外，還有較冷門位於灣仔的中華和國泰，一九四九年四月二十九日《星島日報》。

1 | 旺角彌敦道與亞皆老街交界的百老匯戲院開業廣告，一九四九年七月二十一日《星島日報》。

2 | 灣仔駱克道三百四十九號環球影戲院的開業廣告，一九五〇年十二月二十四日《星島日報》。

3 | 一九五〇年十二月十四日，利舞臺上映西片《崇樓浩劫》，內容有「飛機撞入紐約摩天大廈」，一如「九一一」事件。

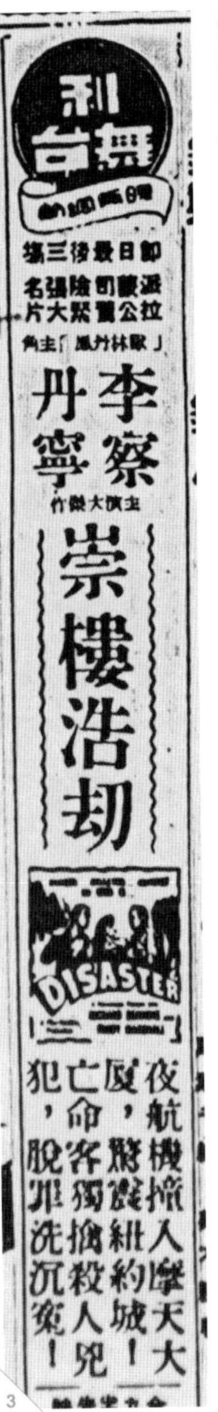

1 | 尖沙咀彌敦道與金巴利道交界的樂宮戲院開業廣告，所在現為美麗華酒店，一九五二年十二月十日《星島日報》。

2 | 約一九六三年的樂宮戲院，其右鄰的樓宇即將興建東英大廈。

3 | 位於彌敦道與山東街交界，由勝利戲院改建的麗斯戲院開幕廣告，一九五三年三月二十日《星島日報》。

4 | 銅鑼灣怡和街豪華戲院的開幕廣告，一九五四年五月七日《星島日報》。

5 | 長沙灣青山道近東京街的新舞臺戲院。約一九五五年。

4

3

5

1 英皇道璇宮戲院的電影宣傳牌，內容為林黛、嚴俊主演，永華公司出品的《春天不是讀書天》，一九五五年。

2 在璇宮易名皇都後上演的電影《殉情記》戲橋，一九六九年。

3

3 | 由石塘咀屈地街上望皇后大道西四百二十一號太平戲院，一九六九年。左方的廖創興儲蓄銀行大廈現為創業中心。圖片由麥勵濃先生提供。

4 | 觀塘裕民坊興輔仁街交界的銀都戲院，所在現為大型屋苑——凱匯，二〇一〇年。

4

大戲

市郊的戲臺及看客。約一九一〇年。

最早的粵劇戲園，為開業於西營盤第一街的大來、皇后大道西的高陞、太平山街的昇平以及普仁街的同慶，皆開業於一八六〇年代。

至於九龍的第一間，則為開業於一九〇二年、位於彌敦道的普慶。

百多年來，大戲（粵劇）普受市民喜愛，故不少大戲園（院）陸續開業。亦不時招待來港的中外貴賓觀賞。

一九二〇年代起，不少茶樓酒家亦不時上演大戲，曾引致打架，一度遭當局禁止。

和平後的一九四九年，大戲院僅有高陞、中央及九龍的普慶，其他皆改放電影。當時的觀眾，婦女佔了八成半，最賣座的是「古老戲」及「苦情戲」，如《淒涼姊妹碑》及《梁天來》等。

一九五〇年代，我與弟弟不時「搖衫尾」跟隨母親及同屋共住的師奶們，往高陞、太平及中央等戲院「睇大戲」，去得最多的是高陞之廉價三樓，坐的是長條櫈。不時提早入場以求觀看《六國大封相》。

當時尚為小孩的在下，對劇情一無所知，七時起演封相，迄至十二時「大團圓」散場，頗為沉悶，但間中可享受到於開演期間不時兜售的零食如甘蔗、馬蹄及陳皮梅等。散場時座位前的通道滿鋪蔗渣，仿如地毡，十分「壯觀」。

五十年代的粵伶名伶，有薛覺先、馬師曾、紅線女、任劍輝、白雪仙、余麗珍、鳳凰女、梁醒波、麥炳榮、靚次伯、林家聲及陳好逑等。著名的劇目有《再世紅梅記》《帝女花》《紫釵記》及《雙龍丹鳳霸皇都》等。

一九六二年起，粵劇走下坡，原因是港人日趨西化，粵劇上演時間長，年青人改看電影，以及上演場地難求等。

一九七一年，大龍鳳及慶紅佳劇團，將四小時的粵劇縮為兩小時，不少劇團跟風上演此種改良粵劇。

1 | 戲臺上的粵劇戲子（演員）。約一九〇五年。

2 | 粵劇文武生及反串女角的戲子。約一九二〇年。

和平戲院開幕之宣言

[illegible]

經於本月廿五號開幕廿八號即初二日開演

樂同春第一班

日演正本（武松獨臂擒方臘）靚全首本

夜演齣頭（包公紗妗對相）（醉打騎龍）東坡安首本

（日）貴妃床二元四 超等位八毫 東西廂四毫 對號位二毫五 椅位一毫五 板位六仙

（夜）貴妃床二元八 超等位七毫 東西廂五毫 對號位三毫 椅位二毫 板位七仙

（注意）本院設在中環街市對面即奄派影畫戲院舊址

己未年七月初二日

1 | 在中環街市對面，奄派亞影畫戲院舊址建成之和平戲院的開幕宣言，該戲院於一九二六年改建為滅火局大廈（現恒生銀行所在）。一九一九年七月二十八日《華字日報》。

2 | 在利舞臺戲院上演大戲的場面。約一九二八年。

皇后大道西一百一十七號第二代高陞戲園的大門口。約一九三〇年，戲園的右方有一武昌酒樓。圖片由佟寶銘先生提供。

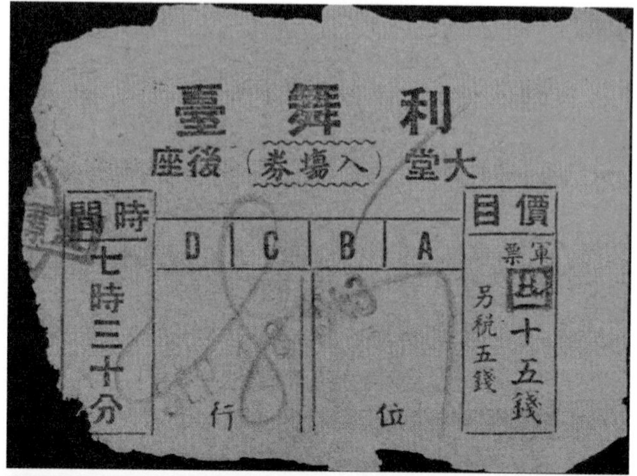

日據時期，一九四三年九月利舞臺戲院的入場券（戲票），當時為軍票四十五錢，伸算為港幣一元八角。圖片由吳貴龍先生提供。

日據時期一九四二年六月，皇后戲院的戲票，仍行用港幣。圖片由吳貴龍先生提供。

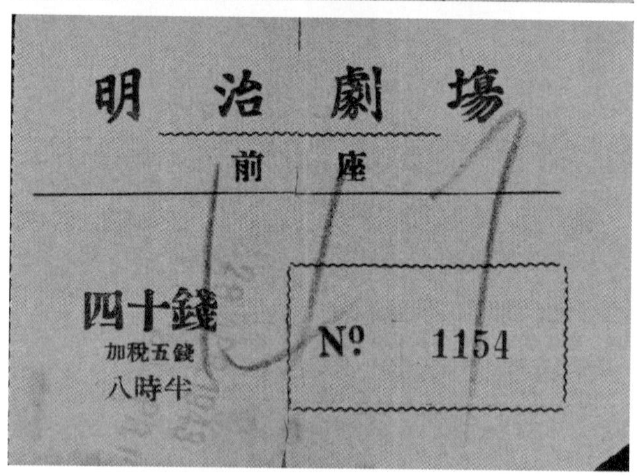

一九四三年，皇后戲院已改名為明治劇場，不時上演粵劇，收費亦改為軍票的円及錢。圖片由吳貴龍先生提供。

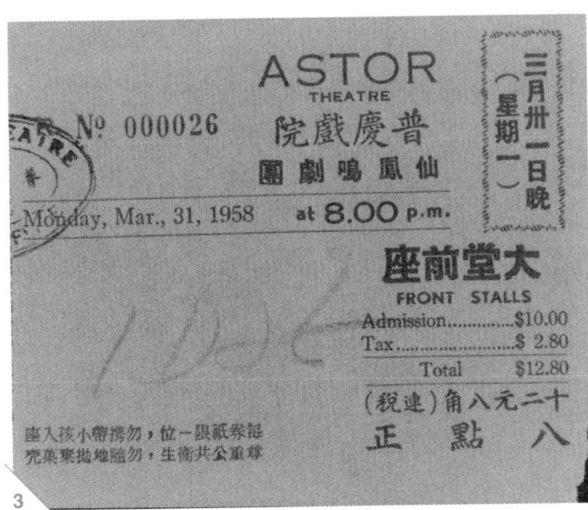

1 | 一九五〇年代初，仙鳳鳴劇團戲寶《紅樓夢》，場刊封面上之名伶白雪仙。圖片由吳貴龍先生提供。

2 | 紅伶任劍輝與白雪仙的親筆簽名照。約一九五八年。

3 | 一九五八年，仙鳳鳴劇團在普慶戲院演出之戲票。圖片由吳貴龍先生提供。

2

1

1 | 任劍輝與白雪仙的時裝照。約一九六〇年。

2 | 名伶「情僧」何非凡的時裝照。一九五二年。

3 | 粵劇名伶林家聲的簽名照。一九五八年。

4 | 紅伶李寶瑩的簽名劇照。約一九六〇年。

4

3

1 | 紅伶芳艷芬戲裝。約一九五八年。

2 | 響應《華僑日報》救童助學運動，在大會堂義演粵劇籌款的戲票。一九六五年。

3 | 約一九六二年的北角皇都戲院，當時正上演大龍鳳劇團之粵劇《雙龍丹鳳霸皇都》。

2

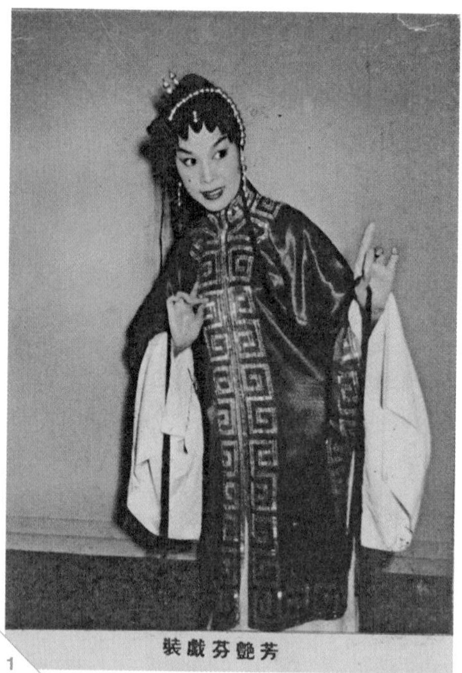
芳艷芬戲裝

1

3

利舞臺戲院最後一夜的照片，一九九一年八月十九日。該位於利園山旁波斯富街九十九號的古典戲院落成於一九二五年。

京劇

楊門女將
The Lady Warriors of Yeung's Family

在海運大廈海天酒樓夜總會演出京劇《楊門女將》。約一九七〇年。

一九二二年十月二十三日，梅蘭芳（畹華）京戲班抵港，是晚假太平戲院開演，全院滿座。隨後，在太平連演一個月。

十一月四及五號晚，演《天女散花》；二十四及二十五號晚，梅氏報效演戲，為東華醫院、孔聖堂、潮州八邑商會等籌善款。演出劇目有：《麻姑獻壽》《虹霓關》《晴雯撕扇》《轅門射戟》《天河會》及《水浸金山》等。

一九四一年七月十日，全港平（京）劇名票義演，在太平戲院舉行，由梅蘭芳博士揭幕。

同年七月十八日，平津新友社，在石塘咀陶園酒家三樓，登臺演出平劇。

一九五〇年，多名票友（業餘京劇及京曲表演者），在石塘咀廣州酒家演唱京劇。

一九五一年五月一日，東華三院八十周年紀念遊藝大會，假荔園舉行，多項表演中，包括由馬連良及張君秋表演京劇。

一九五四年一月二十七日，旅港影界救濟石硤尾大火災民，義演京劇籌款，演出者包括紅星黃河、尤敏、林黛、葉楓及葛蘭等。

一九五六年七至八月，中國民間藝術園在北角璇宮及深水埗仙樂戲園演出，重頭節目為京劇演出。

一九六〇年十月二十四日，彩色京劇藝術影片《楊門女將》，上映滿一個月，觀眾逾二十萬。

一九六三年，京劇大師馬連良，率領北京京劇團到香港進行了兩個多月的演出，吸引到大批京劇迷及票友拉隊觀看。

一九六〇年代，不少著名「票友」，尤以蘇浙及金融實業界人士為多，不時在會社及酒樓中舉行義演及義唱，大受觀迎，記得在中環的若干間英資金融行內，有不少蘇浙籍的京劇迷。

香港東華三院

八十週年紀念慈善游藝大會

下午四時開幕恭請司憲杜德夫人蒞臨剪綵

荔園

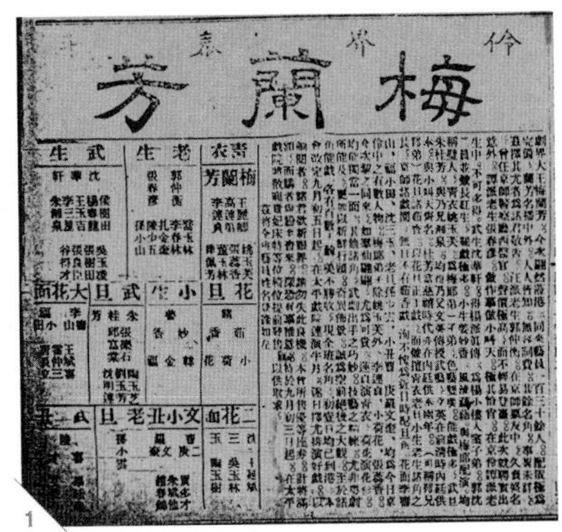

梅蘭芳

1 | 京劇泰斗梅蘭芳於一九二二年十月二十四日起，在太平戲院演出京劇近一個月，首晚有十多名外籍人士為座上客。圖為當時的廣告。一九三一年四月，梅蘭芳再度抵港，二十二日拜會港督貝璐。五月九日在高陞戲園演出《別虞姬》。

2 | 東華三院慈善游藝大會在荔園遊樂場舉行，邀得著名平（京）劇演員馬連良、張君秋、俞振飛及梁再勝演出。一九五一年五月一日《星島日報》。

3 | 革命現代京劇《智取威虎山》的劇照。約一九六九年。

娛樂表演

香港早期的樂班，或稱為鑼鼓八音樂班。約一九〇五年。

香港的娛樂表演，林林種種，多采多姿，由大型的樂團、歌舞團、劇團以百人計，至只有一人擔任的歌唱、賣藝及雜耍皆有。場地亦分別由富麗堂皇的劇院、戲園、戲棚以至空地及街頭。觀眾亦由衣冠楚楚的紳士淑女以至普羅大眾、販夫走卒不等。

跑馬地大演飛機

啟者美國飛行家夏利亞弼君定于五月十一號禮拜日若天時晴朗準于下午兩點半鐘起與其飛行同作在跑馬地試演飛行技術夏利亞弼君為世界著名飛行家各種空中飛行技術精妙絕倫前星期日因事未能試演以致展期然當時所售入場券仍可有效凡前經購有入場券者請持原票前往參觀為荷

壹九弍四年五月九號

美國飛行員在跑馬地舉行飛機試演的廣告，一九二四年五月九日《華字日報》。

一八八〇年，報載有外籍伶人，在太平山街原名「昇平」的普樂戲園演劇時，失足跌傷的新聞。可見早期位於華人聚居中心的戲園，亦有外國的表演。當時的節目，有西洋戲劇、洋人拳賽、舉重、馬戲等。還有華人表演的雜技、少林技擊、女子舞蹈及催眠術。

亦有華人，在大會堂表演魔術、舞蹈及演奏鋼琴。不過，大部分在此演出者，皆為外籍人士。

一九〇〇年，有「上杭黃鶴樓山人」，在荷李活道九十三號二樓，上演茅山大戲法（魔術）。

一九〇四年，有一座「蠟人」（蠟像傀儡）戲棚，設於德輔道中與砵典乍街交界的地段。到了一九一一年，此地段建成了一座域多利影畫戲院。同於一九〇四年，已有木偶戲、手托戲在港九的街頭巷尾以及在九龍寨城開演，以「弄假成真」作宣傳。

位於油麻地，落成於一九〇二年的普慶戲院，於上映電影時，加插「西妹」（洋女郎）表演歌舞，由留聲機播出洋樂伴唱。域多利戲院於上映影畫戲時，亦有泰西美女唱西曲。

Old Kowloon City,
Hongkong.

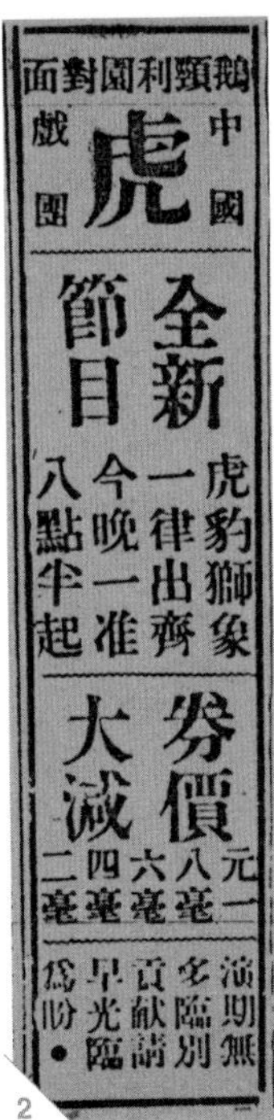

鵝頸利園對面

中國虎戲團

全新節目

虎豹獅象一律出齊

今晚一准八點半起

劵價大減

元一 八毫 六毫 四毫 二毫

演期無多臨別貢獻請早光臨爲盼•

2

1 ｜在九龍寨城內之「木頭公仔戲」（傀儡戲）表演和觀眾。臨時架搭戲臺前有「弄假成真、裝模作樣」的宣傳語句。約一九〇五年。

2 ｜「中國虎戲團」（馬戲團）在鵝頸橋利園對面演出的廣告，一九四〇年三月十四日《華字日報》。

一九一一年八月，中環街市對面（現恒生銀行所在）之「域多利踏雪車處」（溜冰場），有雪屐表演。

同年，亦有一巴度林戲法團，在大會堂上演。

一九〇〇年開始，來自內地廣東以至蘇杭一帶的若干位女瞽師（女盲歌者），在石塘咀風月區的妓院以至茶樓及酒家唱曲，和平後的五、六十年代街頭、茶樓、酒館仍有女瞽師演唱，稱為「唱盲妹」。多見於近西港城的德輔道中。

亦有男瞽師唱南音。一九二〇年代的曲目，有《客途秋恨》及《慈雲太子走國》等。他們亦會在石塘咀各妓院獻唱，最多人出錢點唱的曲目，是描述一思春怨婦，與姘夫繾綣的《陳二叔》。有嫖客與妓女願增加賞錢，而要求唱得更加「肉緊（露骨）」，此即為俗語「加多幾錢肉緊」的起源。唱《陳二叔》造詣最高者為瞽師鍾德。

一九二三年，大會堂禮聘紫羅蘭女士表演歌舞，以及古劇《黛玉葬花》及《樓東怨》等。

一九三二年大會堂拆卸，俟後的娛樂表演，多假戲院、酒店、酒樓及茶樓等場所舉行。

一九三〇年代後期，大批內地的文化、藝術及表演界人士南來，香港社會上瀰漫着濃厚的文化及藝術氣氛。

一九四一年九月十二日，馬思聰小提琴演奏會在半島酒店玫瑰廳舉行。十一月五日，亦在此舉行劉春華鋼琴演奏會，演奏莫扎特、貝多芬、蕭邦及李斯特等作曲家的作品。

1 | **一九五六年三月四日，《星島日報》的「粵曲欣賞」專刊，介紹內容包括「地水」（指盲公）、戲臺及老舉（妓女）南音、師娘及瞽姬（盲女歌者）、八音（樂班）與木頭公仔戲、古調粵曲、八大古調粵曲，以及穗港歌壇滄桑錄等，為研究粵曲重要資料。**

中華民國四十五年（一九五六）三月四日 星期日 星島日報 農曆丙申年正月廿二日 第十五頁

粵曲欣賞

頌棠版特輯

大八音班唱工技巧

省港師娘拉雜談

古調重彈八大曲

歌壇滄桑錄

一九四一年，亦有上海乾坤書場在灣仔冠海茶樓，舉行「南北滑稽」及「坤社群芳會唱」以迎合南來的蘇浙人士。

和平後的一九四七年十月二十七日，銅鑼灣東區遊樂場舉行溜冰皇后選舉，由劉秋華當選。該場內有一上演越劇的紅孩兒劇場。

同年十一月十四日，全港公開時裝大賽，在北角麗池泳場夜總會舉行。

一九五〇年，幽默滑稽大家朱翔飛在廣州酒家表演「上海滑稽」。此外，上環永樂街平香茶樓，設有北京大鼓歌唱、京劇清唱及相聲，吸引各省的茶客。

小提琴家馬思聽在半島酒店舉行演奏會的廣告，一九四〇年九月十二日《星島日報》。

一九五四年，美國影星威廉荷頓出席在北角璇宮戲院的音樂會，欣賞西洋音樂。同年七月十八日，在香港大學舉辦音樂會，由趙梅伯任指揮。

最哄動的是一九五六年六月二十一日，由中國民間藝術團，在璇宮戲院盛大演出，內容包括京劇、民間藝人表演及歌唱等。包括歌唱家周小燕演唱《我的花兒》《四季歌》及《百靈鳥你這美妙的歌手》等多首動聽民歌。

藝術團的演出廣受歡迎，一個多月後，移師深水埗仙樂戲院，繼續演出。

中國民間藝術團南北藝人在香港璇宮戲院，作京劇、歌舞及音樂表演的廣告，節目中有歌唱家周小燕演唱《繡荷包》《我的花兒》及《百靈鳥你這美妙的歌手》等名曲。

1 | 上海乾坤書場在灣仔皇后大道東冠海茶樓表演的廣告，並有南北滑稽群芳會唱，一九四一年三月五日《星島日報》。

2 | 金殿書場及百樂門書場的廣告，前者設於油麻地彌敦道平安戲院隔鄰，一九五〇年三月五日《星島日報》。

上海
乾坤書場
日前由滬來港大批精彩貢獻准於今晚八時公演
笑哈哈 錫樂梅 大娃娃（導演） 陸伯鹿 吳恨地
林英 珍弟 麗芳 崔金玲 林妹 張新紅 客串 麗雲
南北滑稽群芳會唱
通俗社 乾坤社

每日下午一時三刻開始四時三刻止
周雲瑞 陳希安 唐耿良 蔣月泉 王伯蔭 張鑑庭 張鑑國
珍珠塔 三國志 玉蜻蜓 顧鼎臣
特別注意
紹興浙派到港 活龍活現
為謀九龍聽客便利特設
金殿書場
鐵定今日下午一時半行開書典禮
恭請 四大名旦 張君秋先生 揭幕
影界女明星 焦鴻英女士 剪綵
百樂門書場 照常

一九六二年大會堂落成，提供各類的表演和展覽場所。同年十月二日，首屆亞洲音樂節在大會堂舉行。

隨後，香港管弦樂團成立，以及多個世界知名樂團來港，在大會堂演出。大會堂亦不時舉辦「一元音樂會」，令港人大飽耳福。

一九六八年起，曾有若干次新潮舞會在新卜公碼頭舉行，有歌星及樂隊演出。

同時，亦曾在中環的告羅士打酒家及上環大同酒家的宴席上，觀賞大戲（粵劇）表演。

一九七一至一九七二年間，曾在尖沙咀的樂宮戲院，以及北角的皇都戲院，觀看臺灣的藝霞及藝虹歌舞團的演出，當時的臺灣知名藝人，有姚蘇蓉、青山、冉肖玲及張帝等。

一九九四年，在灣仔藝術中心前的空地，欣賞到資深女歌手李燕屏的粵曲表演。雖然美人遲暮，但功架十足，引來不絕的掌聲。

一九五〇至一九六〇年代，不少來自內地的江湖賣藝者，在街頭及商舖門前，表演雜技，如噴火、吹奏樂器及「唱龍舟」（手持活動人物的龍舟唱曲）等，以討賞錢。

較為「大陣仗」的是「馬騮戲」表演。一兩名「外江佬」（外省人），在街角空地上開演。鑼聲一響，即引來一班男女老幼圍觀。

猴子懂得換戴面具、做大戲、打筋斗等動作，引得觀眾大笑。亦有馬騮騎着綿羊，或與綿羊一同表演。表演完畢，馬騮會手持銅鑼，向歡眾討取一、兩毫子的賞賜。

外江佬與馬騮相依為命，亦有在街頭表演以販賣藥品者。

載歌載舞！飲且食兮！

聖誕節最名貴之食府

瓊華 夜總會 西餐廳

時代建築 新型設備

聖誕餐選料上乘，鮮美可口

逢星期六及星期日兩天，由下午五時起至七時止，增設餐舞茶座，點心即時即製，新鮮精美

夜總會由菲島領袖樂隊「的臣」先生領導主奏

金牌歌后 董佩佩小姐 顧媚小姐 李曼萍小姐 駐唱

集樂府優秀人才 奏世界至上名曲

地址：彌敦道六二〇至六二八 電話：[illegible]

彌敦道瓊華夜總會及西餐廳，演奏世界名曲，並聘到董佩佩及顧媚等歌星駐唱。一九五五年十二月二十四日《星島日報》。

1 ｜操作傀儡戲之木頭公仔演出之技師。約一九六五年。

2 ｜在旺角彌敦道、上海街（與弼街）交界處，上演奧林匹大馬戲的廣告。一九四〇年二月一日《華字日報》。

3 ｜猴戲藝人及與其相依為命的猴子拍檔。約一九六〇年。

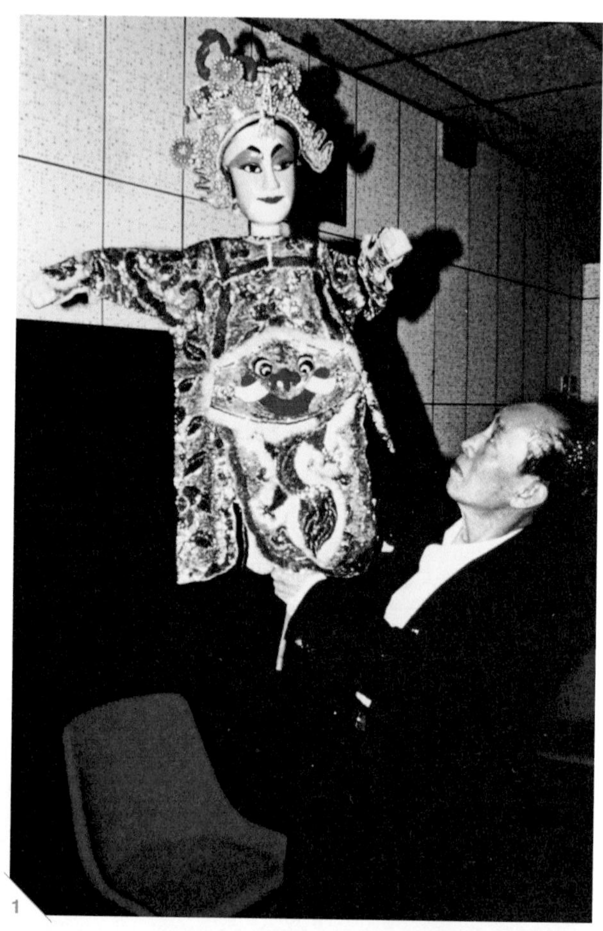

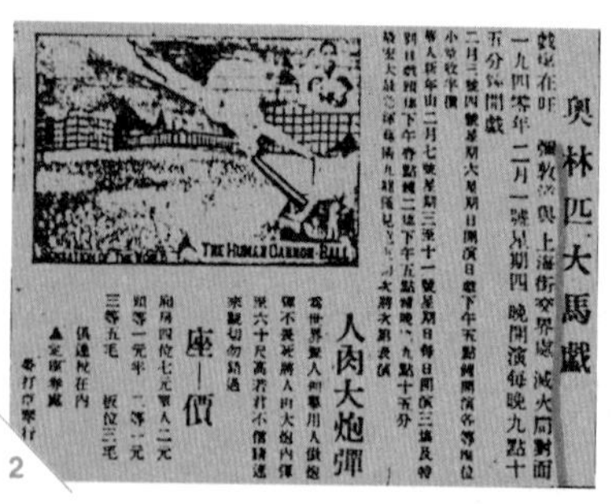

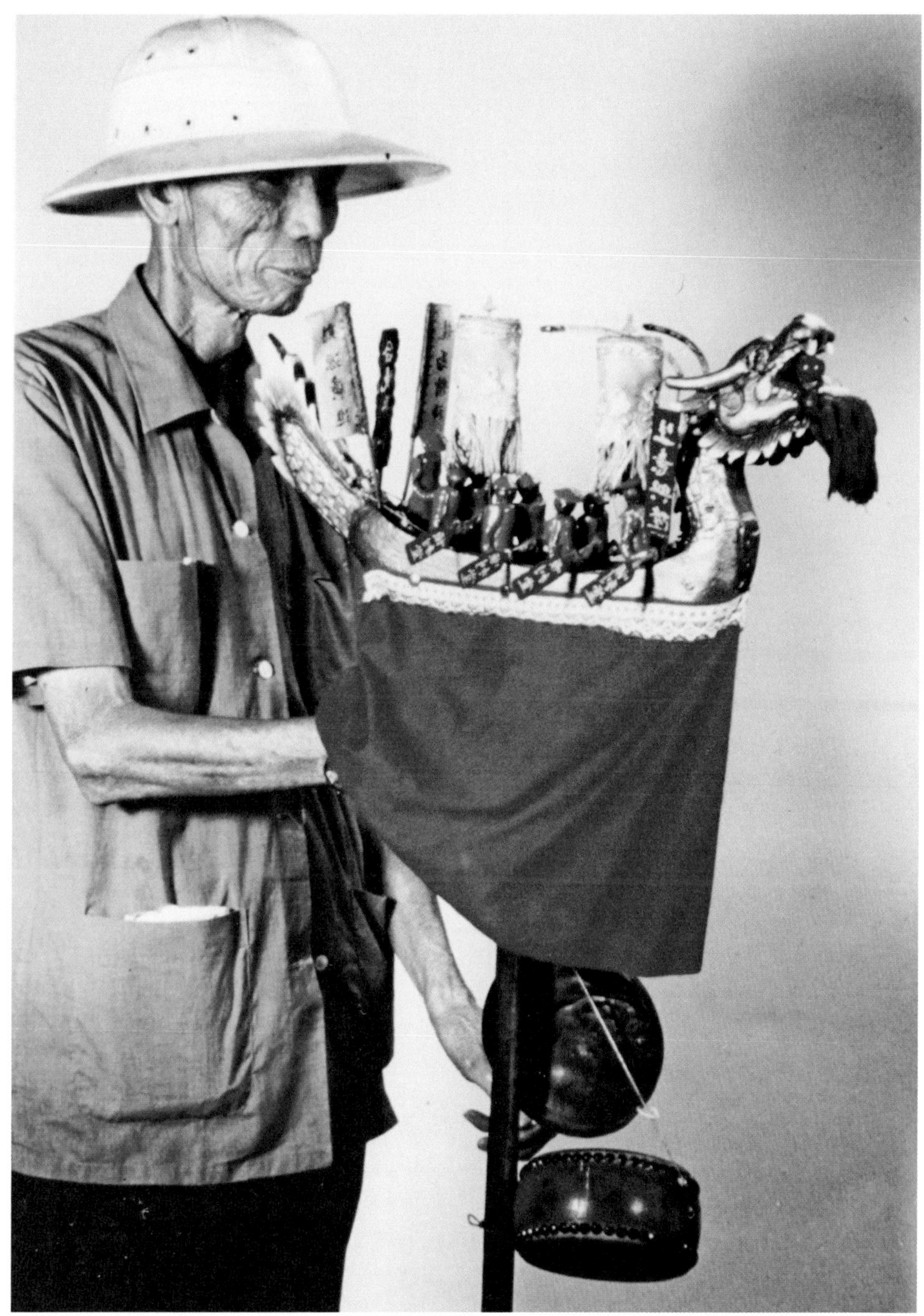

「唱龍舟」賣藝者與作為其道具的可活動龍舟和小型鼓鈸。約一九六〇年。

節慶

大部分市民每屆傳統節日及神誕，如農曆新年、驚蟄、清明、端午、乞巧、盂蘭、中秋、重陽以至冬節等，皆分別舉行祝祭儀式，並備美食佳餚，共同歡聚，感受歡樂節日氣氛，尤其以農曆新年為最。和平後亦受外來的耶穌誕及復活節等氣氛所感染。此外，市民亦喜歡「睇出會」，如長洲太平清醮及英國皇室慶典等的巡遊，雖然擠迫，但亦可樂在其中。

節日

元朗洪水橋天后誕，被「搶」得的花炮，大張旗鼓地護送回家或店舖供奉。約一九六二年。

香港有多個節日受到市民的重視，包括端午節及中秋節等，現將部分節日及活動臚列。

二月初二是土地誕，各廟堂皆有善信參拜，尤以上環太平山街水巷之福德宮（土地廟）為最。五十年代中，曾目睹其「搶花炮」的盛況，多人爭奪一由炮竹彈上高空繼而落下的銅環，以獻金換取一紙紮神龕式的「花炮」，供奉於店舖或住宅大廳，以「頭炮」最受重視。二十世紀初，該區搶花炮曾因釀成打鬥，一度遭當局禁止。

陽曆三月五或六日為「驚蟄」，蛇蟲類結束冬眠，開始活動，不少迷信婦人，在街頭巷尾、樹腳或電燈柱腳進行「祭白虎」及「打小人」，「儀式」多由「神婆」代勞，祭品為香燭元寶、肥肉、芽菜及綠豆等，神婆喃喃自語，之後用鞋底大力拍打一用紙剪成的「小人」，然後將被「打得半死」的小人貼於神像上，便告「禮成」。早期，港島的打小人勝地為太平山街百姓廟前一帶，九龍則為榕樹頭天后廟旁。現時港島則為灣仔堅拿道鵝頸橋一帶，「年中無休」，可用「古已有之，於今為

在跑馬地禮頓道與堅拿道東交界舉行的「驚蟄打小人」活動。右方是尚為明渠的堅拿道。約一九六五年三月六日。

烈」來形容。

三月初三為北帝神誕，長洲舉行太平清醮。一九五六年建醮，千餘居民搶包山，四座包山瞬即一如剝脱剩盡的玉蜀黍芯。

農曆三月廿三是天后誕。十九世紀時，士女們在各區酬神、搶花炮及還炮，十分熱鬧，尤其以紅香爐（銅鑼灣）天后廟為最，車水馬龍，人流不絕。

戰前善信多往寶安縣赤灣天后廟參拜，抗戰後，改往港九各灣頭的天后廟。一九五〇年代起，以漁民為主的善信，多開船往西貢大廟灣的天后古廟進香奉拜，形成「千帆並舉」的熱鬧景象。

農曆五月初五為端陽或端午節，亦傳為龍的生日。往昔，家家戶戶會插上菖蒲或貼「午時符」，以辟邪及消災，男女亦會暢泳，名為「洗龍舟水」，以消災難。而長輩亦會在兒童的額頭或肚臍，點上硃砂或雄黃以驅毒。亦會在男孩額上用雄黃書一「王」字，以示虎虎生威。

一九四九年端午，西環鐘聲游泳場、北角麗池花園及香港仔皆舉辦賽龍舟。又製作糉子，除可祭三閭大夫（屈原）之魄外，亦可供五臟之神（飽肚）。

六月十三（早期亦有為六月十六或廿四者）是魯班（春秋時期的公輸般）先師誕，建築裝修及泥水的「三行」工友，多往西環青蓮臺之魯班先師廟參拜。而該行的店舖及社團皆舉行慶祝及歡宴，舖前張燈結綵，懸掛燈籠。

不少坊眾在三行店舖前持碗排隊領取「師傅飯」，除飽餐外，還祈求一如魯班之靈巧及聰明。約十年前仍可見此景象。

八月，各茶樓酒家大事宣傳以售月餅。部分酒家如華人行的南唐酒家等，提供天臺予市民賞月。

十五晚，除聚餐外，還食月餅、芋頭及柚子等。孩子們喜玩紙紮的楊桃、兔仔、批皮橙等花燈。最精美的是走馬燈，內設的人物及騰龍等，在燈光中轉個不停，煞是好看。

在鵝頸橋（軒尼詩道）旁「打小人」的神婆與年青信眾，二〇〇六年。

九月初九為重陽節，市民徒步或乘纜車登上山頂，在盧吉道望維港及新界。部分神棍帶同木偶神像登山，供人拜祭，於警察掃蕩時，抱着偶像「走鬼」（逃避追捕），成一滑稽景象。

陽曆十二月二十一或二十二日，是中國二十四節氣之一的「冬至」，天氣轉冷，家家戶戶於是日圍爐取暖，吃豐盛的冬至飯。亦有用「老香冬（至）」去形容十二月二十五日的聖誕節者。

1 | 清朝時有關長洲闔境就天后宮及太平清醮一事的啟事，一八八四年三月二十日《循環日報》。

2 | 長洲會景巡行新聞，一九五五年六月三日，《星島日報》。

仙樂風飄

長洲會景巡行

連續舉行三天

港九居民趁熱鬧

小輪派出十二艘

2

告白

茲者近聞有棍徒假冒我長洲名號重修孫寮灣天后宮建醮此實非也並無是事蓋我長洲重修各廟宇俱經上年修葺完竣如果各寶行業已簽名樂助未曾交銀者切勿付與此乃神棍若能知得其人是必稟官究治我長洲之廟乃係供奉玄天上帝連年建太平清醮藉香港各寶行及各士商誠心捐助兼送祭品早經各賴神恩福有攸歸茲値甲申年玄天上帝杯卜三月廿八晚開壇建太平清醮當年値事方義合陳大合許泰記林聯生占等此首事者是實不妨訪問咸魚欄怡昌隆等老行長何順進元亨祥便爲知其詳如下日亦有神棍假冒者務祈取看舊緣簿筆跡爲據特此佈聞以便週知

光緒十年　春王二月　十有二日　新安長洲闔境公啟　四十四

1

長洲碼頭旁的三座包山。約一九六五年。

1 | 在香港仔舉行的端陽競渡。約一九一二年。

2 | 香港仔湖南街前的端陽競渡，正中為太白及兩艘海角皇宮海鮮舫。約一九六二年。

1 | 北角七姊妹海面的賽龍，左上方為半島酒店及太古藍煙囪碼頭及貨倉，所在現為新世界中心。約一九五二年。

2 | 在競賽前，道士正為龍舟進行點睛儀式。約一九六〇年。

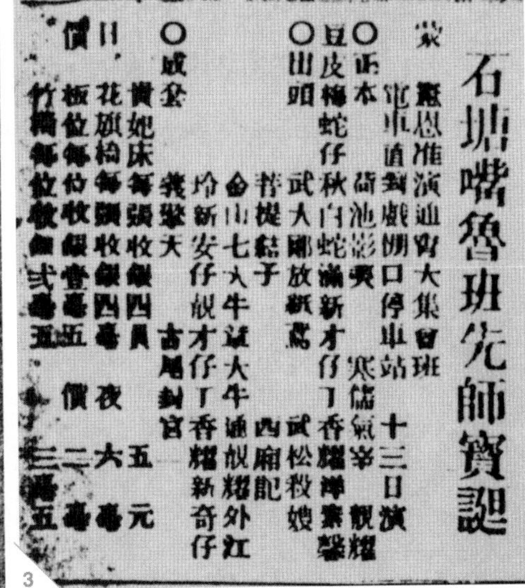

3 |《華字日報》一九〇七年農曆年六月十三，石塘咀搭戲棚演大戲祝魯班先師誕的廣告。

4 | 有關農曆六月十三魯班先師誕的新聞。一九五七年七月十一日《星島日報》。

1 | 振興糖果餅乾公司公價中秋月餅的廣告。一九四六年九月六日《星島日報》。

2 | 旺角彌敦道與山東街交界瓊華酒樓的月餅廣告。約一九六〇年。

振興糖菓餅乾公司
中環街市對面 電話：二壹三叁壹 三零零九四
中秋月餅
名師巧製 出品最精
真材實料 取價公平
公價
蓮蓉月、荳沙月、荳蓉月
每個 一元一毫
八毫
八毫
奉送精美餅盒不另收費

1

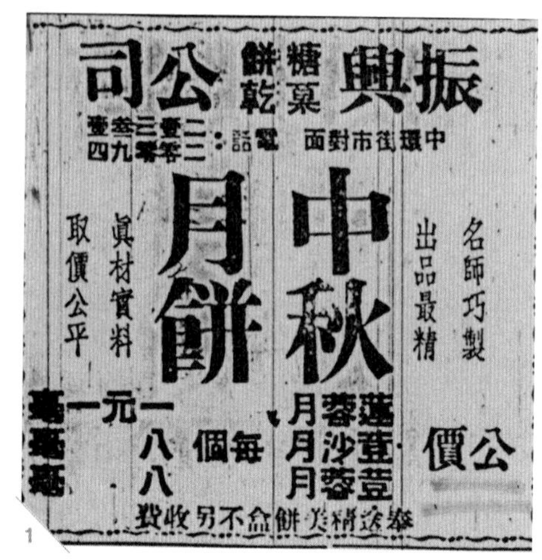

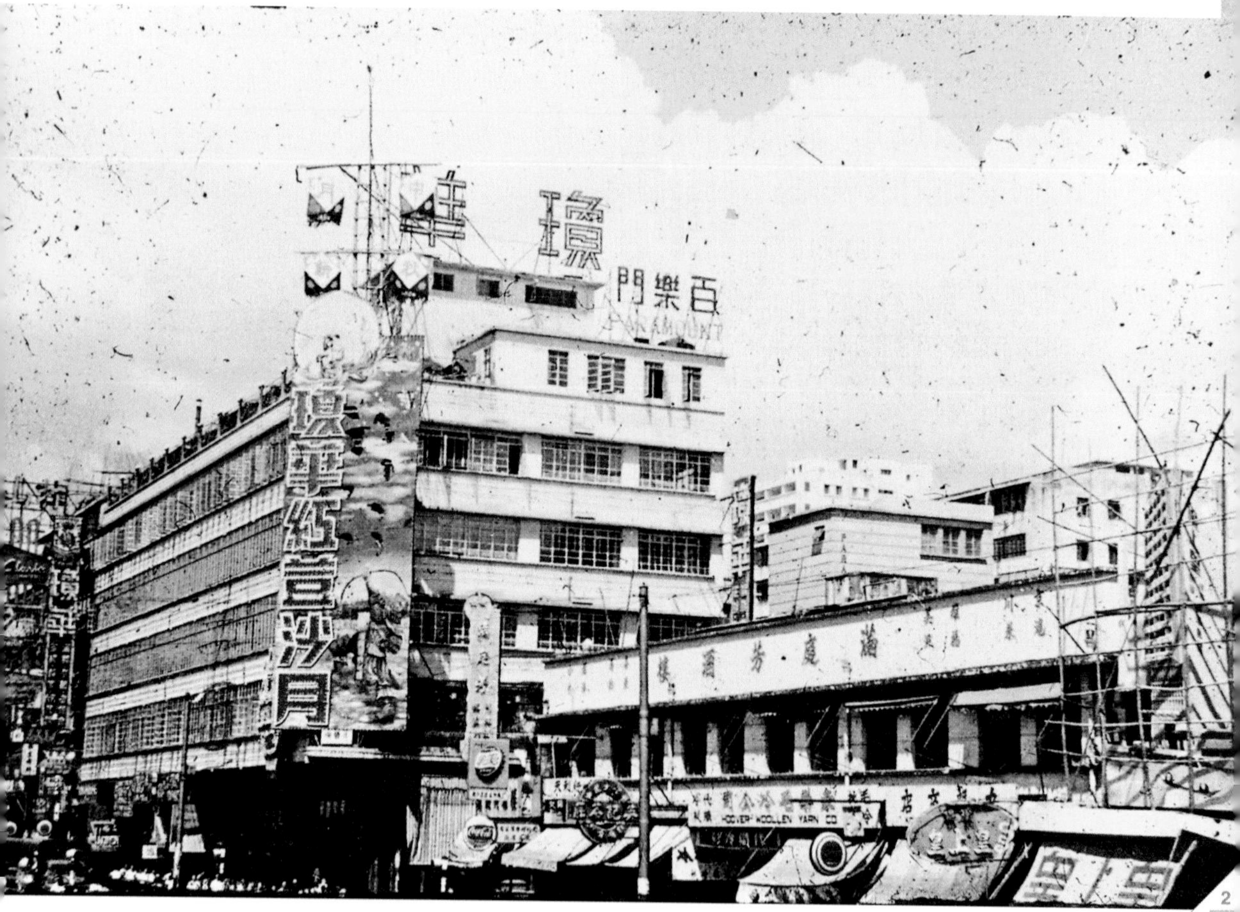

2

3 | 由西營盤修打蘭街西望皇后大道西的中秋燈籠店舖。約二〇一〇年。

4 | 製作燈籠的師傅。約一九八〇年。

薄扶林村中的中秋舞火龍。約二〇〇〇年。

1

2

1 | 花園道第一代登山電車（纜車）站。約一九二五年。

2 | 重陽節，登高上山頂的人群。約一九一〇年。正中為一「山水名茶及牛肉包」檔。

1 | 山頂餐廳及右方纜車站旁的觀景亭（老襯亭）。約一九六五年。

2 | 山頂纜車站上被稱為「新老襯亭」的「凌霄閣」，以及前方的巴士站及停車廣場。約一九七三年。

2

農曆年

由天后區西望首次在維多利亞公園舉辦的年宵市場，右方可見樂聲戲院及豪華戲院大廈。一九六〇年。

農曆年，又稱春節的序幕是始於十二月初八，稱為「臘八節」，家家戶戶會用八種果、菜及豆類煲臘八粥。各區寺庵等亦隆重慶祝，而有不少善信會前往「隨喜」（參拜及捐獻香油）。

農曆初二及十六，是華人店鋪「做禡」（禡祭）之期，可吃一頓豐盛的晚飯，尤以十二月十六的「尾禡」以及年初二的「頭禡」（又稱「開年飯」）更為隆重。

尾禡之後，便踏進歲晚年關，商舖店員四出追收欠賬，理髮店計雙工，主婦們往購年貨的食品和衣履等。

年宵花市於謝灶前後開設。最早的花市是於一八四〇年代開於德忌笠（德己立）街。十多年後，移往華人商貿區的皇后大道中、蘇杭街及文咸街一帶，迄至一九九〇年代。

一九三〇年代，年宵市場亦有開設於新填地上的修頓球場及旁邊的盧押道、分域街、柯布連道及告士打道等。一九五〇年代則為天后區的歌頓道、威非路道、電氣道、興發街及留仙街一帶，到了一九六〇年遷入維多利亞公園。

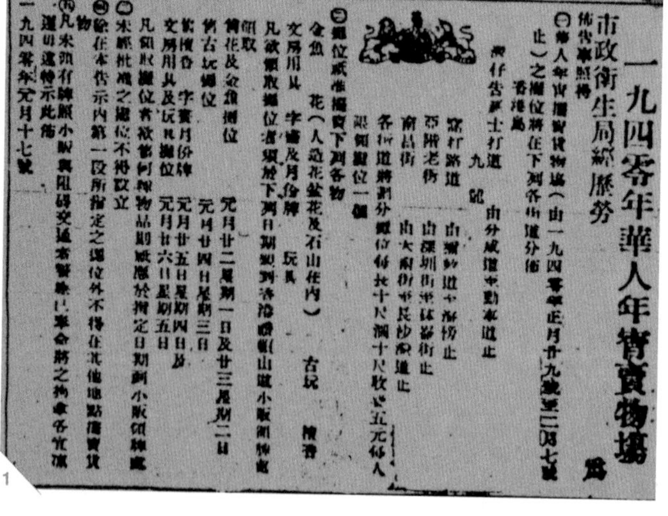

一九四零年華人年宵賣物場

市政衛生局經歷務

佈告事照得

(一)華人年宵攤賣貨物場（由一九四零年正月廿九號至二月七號止）之攤位將在下列各街道分佈

香港島

告士打道　由分域道至[illegible]道止

九龍

窩打老道　由彌敦道至[illegible]止

亞皆老街　由深圳街至[illegible]街止

南昌街　由大南街至長沙灣道止

各行道將劃分攤位每長十尺闊十尺收費五元每人限領攤位一個

(二)攤位祇准擺賣下列各物

金魚　花（人造花盆花及石山在內）　古玩　檀香

文房用具　字畫及月份牌　玩具

凡欲領取攤位者須於下列日期親到[illegible]小販領牌處領取

鮮花及金魚攤位　元月廿二星期一日及廿三星期二日

售古玩攤位　元月廿四日星期三日

售檀香字畫月份牌文房用具及玩具攤位　元月廿五日星期四日及元月廿六日星期五日

凡領取攤位者欲售何種物品則祇應於指定日期到小販領牌處

(三)未經批准之攤位不得設立

(四)除在本告示內第一段所指定之攤位外不得在其他地點擺賣貨物

(五)凡未領有牌照小販[illegible]阻碍交通者警察已奉命將之拘拿各宜凜遵毋違特示此佈

一九四零年元月十七號

1 | 市政衛生局有關一九四〇年年宵賣物場的公告，當時港島的市場位於高（告）士打道，九龍則為窩打老道、亞皆老街及南昌街。

2 | 由文咸東街西望蘇杭街，當時正舉辦年宵花市，花市的範圍包括文咸東街、孖沙街、禧利街以及部分皇后大道中。約一九二〇年。

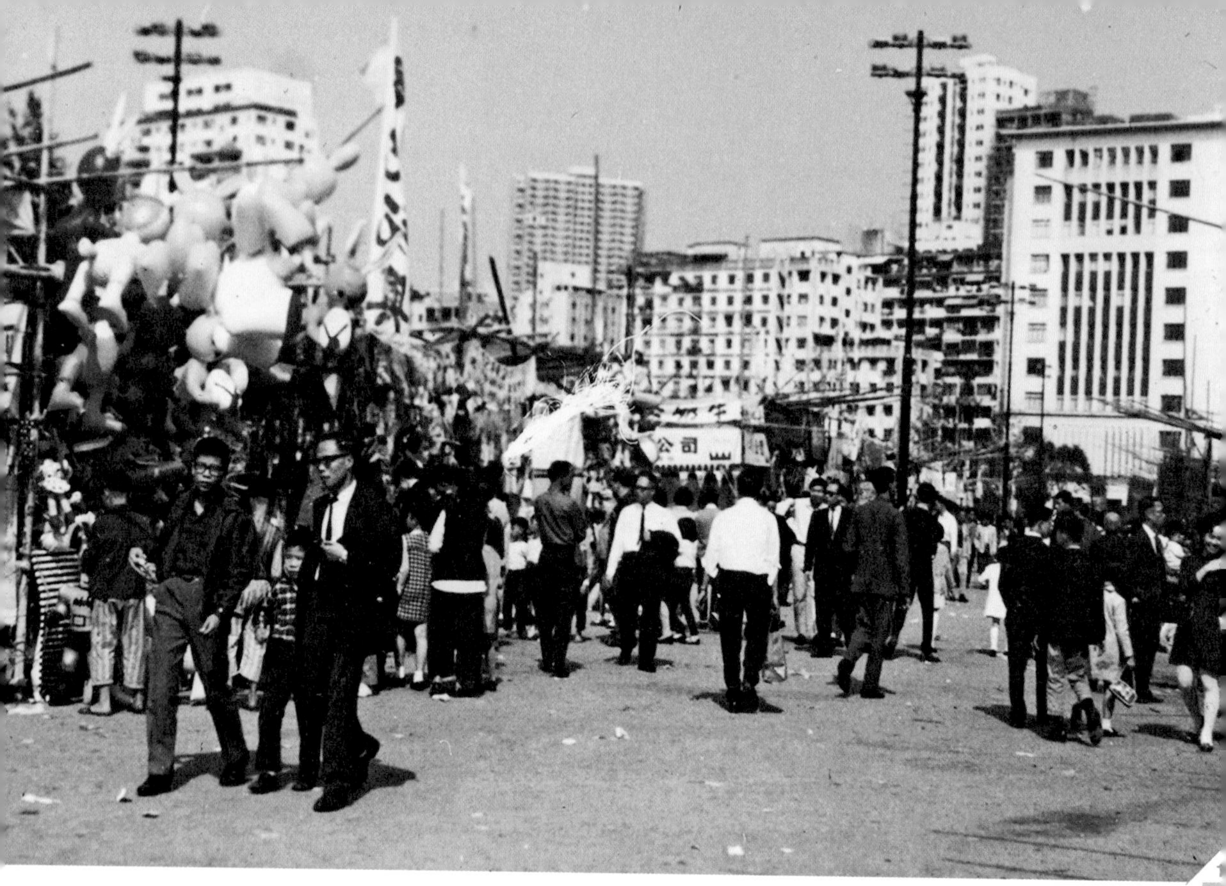

1 約一九六〇年剛在維園舉辦的年宵市場，右方的銅鑼灣裁判署於一九八〇年代後期改建為住宅屋苑栢景臺。

2 西營盤皇后大道西一佛具紙料店的農曆年燈籠及裝飾。約二〇〇〇年。

九龍的年宵市場早期是設於彌敦道至海旁的一段窩打老道、亞皆老街，以及深水埗南昌街，亦有設於界限街的花墟，以及九龍城接近宋皇臺的西貢道。

一九五〇年代，則為西洋菜街、豉油街、花園街、洗衣街、奶路臣街及山東街一帶，一九六〇年代移往長沙灣道。早期的年宵市場，除年花外，還出售古董字畫及瓷器，亦有即席揮毫的揮春檔。

謝灶，是指設祭為登天向玉皇大帝「述職」的灶君送行。官府定於年廿三，民間則為年廿四。祭灶日會在廚房貼上供灶君策騎的紙馬，又用酒及麥芽糖等塗抹灶君神位，指望給「甜頭」予灶君，求他向玉帝就該家戶說好話，這應算「賄賂」，但屬神佛之事，ICAC 應該管不到了。

年廿三亦為元朗墟期，到了年廿八、廿九則為俗稱「墟王」的最後墟期，市區人士多往購買農產品、家禽及年花等。

謝灶之後，主婦們「開油鑊」炸煎堆、油角和蒸年糕，用作新年款客。

年廿八，洗邋遢，作大清掃、潔淨屋宇，以驅「衰氣」（霉運），迎接新的一年。早於南宋年間，已有潔淨庭戶的「除殘日」，近代則改為年廿八。是日茶樓酒家收爐收市，年初二才開市。

五十年代初，仍有孩童聯群結隊，手提燈籠或放有一隻熟雞蛋的飯碗，在街上邊行邊叫：「賣懶，練精賣晒啲懶，賣到年卅晚，你懶我唔懶！」以祈將「懶」賣掉，努力學習。「懶」賣完時，雞蛋亦被吃掉。同時，長輩亦準備「紅封包」（利是）供子女「壓歲」和分派予後輩兒童。

年卅晚下午四時至年初二下午四時，為合法燃放炮竹時段。以往南北行街的大米行及蔘茸行等店舖，例於團年、年初二及開市復業時，分別各燃放一串由頂樓至舖面的長鞭炮，送舊迎新，又藉此表示該店舖「既無外債，又無內債」。

1 | 售賣農曆年蜜餞糖果及龍江煎堆的茶樓大堂。約一九六五年。

2 | 由吉士笠街東望中環街市前的一段皇后大道中。燃放賀年長鞭炮的昌記銀號與食品店春記英之間是一一二號的永隆銀號（銀行）。約一九四〇年。

五、六十年代市面的炮竹，有電光炮、子母炮、雙響炮及小英雄等，火箭則有穿雲箭及鑽天鼠等。小孩們會玩一種名為「滴滴金」的煙花，外形一如線香，用火燃點便會金光四濺。他們亦會在地面放置一枚已點燃的炮竹，隨即蓋上一個空煉奶罐，觀看空罐彈上高空而拍掌歡呼。炮仗煙花燒罷，兒童們的「利是錢」亦告煙消雲散。

除向親朋拜年外，早年，不少人於年初一、初二拜黃大仙，初三往沙田拜車公。二十世紀初，上環太平山街「新孖廟」已有黃大仙供善信參拜。一九二一年，「赤松黃仙祠」在獅子山下竹園一帶創建，該區亦名為「黃大仙」。

新年期間，不少人逐戶拍門，遞上一張書有「財神」的小紅紙，高呼「財神到」以討賞錢。不少吝嗇者，都會付出一二元數角，以「接財神」，但真正發財的，是「派財神者」。

一九五〇年代的「新正頭」，各車站及渡輪碼頭皆見人龍，大部分為「拜年客」。因不用「走鬼」，大量臨時販檔，包括熟食的，在各街道隨意擺賣，擦鞋仔亦應接不暇。戲院皆「全院滿座」，郊區各處都是「行大運」的郊遊客。士多店的麻雀牌及天九牌出租生意大佳。

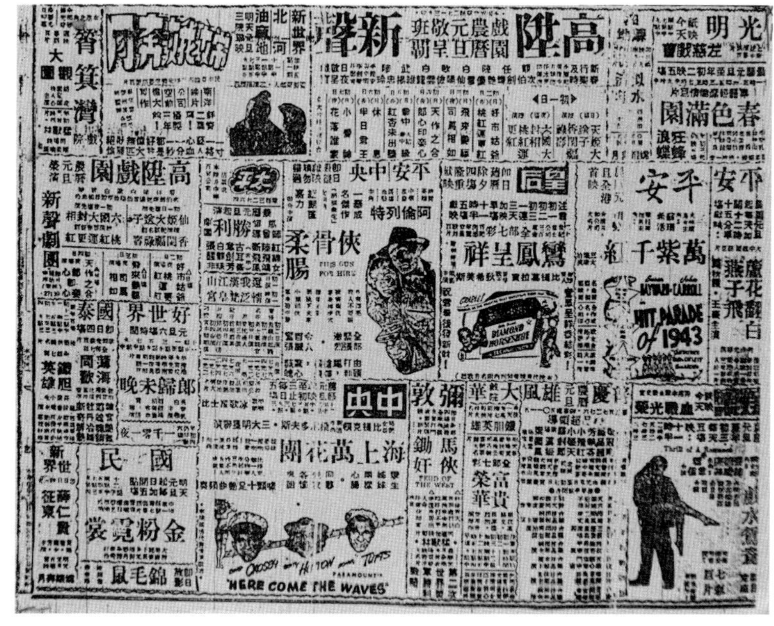

和平後一九四七年農曆年檔期的大戲園及電影院之廣告。一九四七年一月二十一日《星島日報》。

年初一新正頭，三代同堂的大戶人家共慶新歲，可見輝煌的裝飾佈置。

拜年時，主人用「攢盒」捧上瓜子及糖果奉客，頻呼「休銀」。「攢」及「休」是指用手抓，瓜子仁的「仁」音近似「銀」，故「休銀」（拿取瓜子）即為「搲銀」，寓意多賺銀紙。

無論南北行的大商舖以至普羅住家，於新年期間皆大開賭禁，一時間啤牌、麻雀、天九、擲骰子、十五糊及升官圖等博彩，百花齊放。當中有大發「新年財」者，亦有輸光而不名一文者。

1 | 互道恭喜的新界農村兒童。約一九六〇年。

2 | 新春期間的大埔艇戶。約一九六〇年。

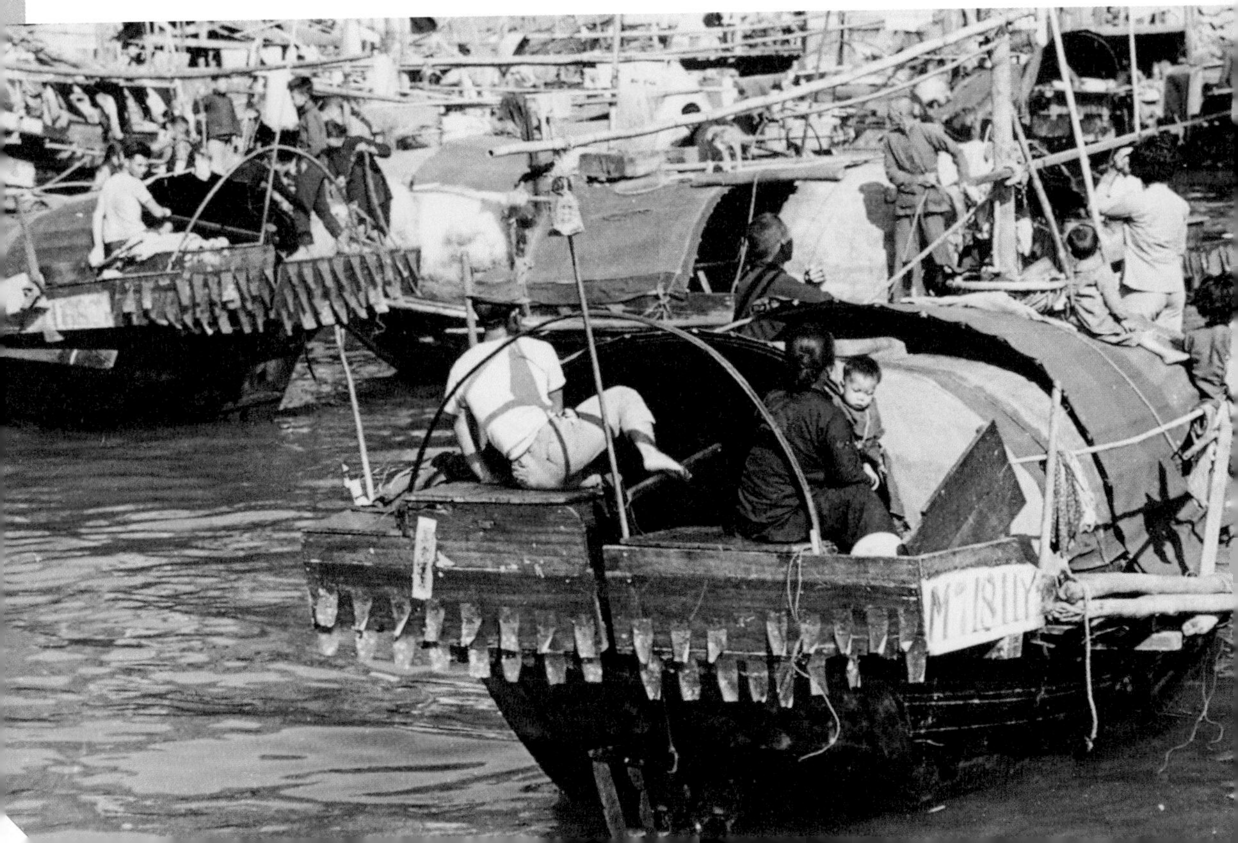

春回大地之新界農村。約一九六五年。

迄至一九六〇年代，中環街市例於大年初一午夜十二時起開門營業，以便商舖的「伙頭」（廚子）及主婦購買食材，製作「頭禡」的開年飯。在店舖吃開年飯，「打工仔」是戰戰競競的，因為如果東主親手夾一件雞肉予某職員的飯面，即表示他已被「炒魷魚」（解僱），即所謂的「無情雞」。

不過，在舊日充滿溫情的社會，賓主間均互相依賴，「無情雞」場面是不多見的，大多數開年飯，都是賓主盡歡。迄至一九四〇年代，不少隻身在港工作者，吃過開年飯後，即回鄉與妻子相聚，若新歲末一索得男，則設「薑酌」宴客。因此，「回鄉慰妻」之舉，被稱為「種薑」。

年初七「人日」，是眾人生日，以前是時興吃「及第粥」（豬雜粥）或生菜魚球粥，「及第」寓意狀元及第，「生菜魚球」是指生財及有餘，「粥」是指豐足。

不少店舖於人日或後兩三天，在酒樓設「春茗」款待客戶及行家。一九五〇年代中，黃大仙嗇色園備有「勝燈」三款，供善信於大殿仙座前競投，以冀天庥。

初十開始，為住戶「開燈」或「升燈」之期，以迎元宵。新界民尤其重視，紮作店之添丁燈、發財燈、平安燈及福祿燈大量上市。因「燈」與「丁」同音，新界居民於去年誕男丁者，會將男孩的姓名寫於燈上而懸掛於廟堂。

正月十五的上元節或名元宵節，花市燈如晝，月上柳梢頭，人約黃昏後，男女外出賞燈，不少有情人終成眷屬，是中國情人節的起源。

當年，有很多人在元宵節「射」（猜）「燈謎」（寫於燈上的謎語）。二〇一九年元宵節，在下曾於尖沙咀文化中心，主持一燈謎會，參加「射燈謎」者，十分踴躍。

元宵之後，所有店舖皆已開市營業，過年氣氛消失，生活如常。

1、2｜元宵年畫二幅，一九五八年三月九日《星島日報》。

3｜製作元宵彩燈的巧匠，上環摩羅下街四十二號永昌號。約一九六〇年。

4｜農曆新年期間滙豐銀行的裝飾。一九七九年。

HAPPY NEW YEAR
恭喜發財
79 1 31

乞巧節

上環急庇利街一香莊，二〇〇五年。可見幾個小型梳妝盆。

乞巧節又名七夕、七姐誕，是農曆七月初七晚上，牛郎織女一年一度，鵲橋相會之期。廣東，包括香港則早一天，於七月初六晚上舉行。

乞巧，是指未婚少女「乞」求織女的「巧」藝，又稱為女兒節及中國情人節。約一百年前，已有不少姑娘集資，製作靈巧的展品，在街上陳列，稱為「擺七夕」。還有宴會及邀請歌伶演唱等節目，男孩亦樂在其中。

一九二〇年代，拜七夕的熱鬧地點是中環歌賦街及石塘咀風月區。拜祭供品有梳妝盆（七姐盆）、用穀粒浸發之「七姐秧」、花露水、七姐粉（蛋粉）、胭脂、針線、水果包括油柑子、龍眼、楊桃及菱角等。而塘西的紅牌妓女所陳列的，不少為購自內地的精巧工藝品。各妓院張燈結綵，鼓樂喧天，妓女輩拜七夕的熱衷，比起一般閨中少女，有過之而無不及。

一九二七年七月初六晚，擺花街某女校校長，發起每名學生捐出一元作拜七夕費，於當晚十二時許，焚燒龍涎香和值十多元的梳妝盆，騎樓外並飾以電燈。

請大衆批評誰的好睇

▲普通七夕嘢市上有賣的人人見慣的年年一樣的砌成呆板嚿套的

▲利園七夕嘢競羅各鄉巧品把銀漢仙宮仿成遊境山川名勝砌成活景好睇嗎

想睇須知利園初三起有乞巧會及覽了

銅鑼灣利園遊樂場七夕乞巧會及展覽的廣告，一九二七年七月二十五日《華字日報》。

早期的梳妝盆是附上大量立體紙紮品，如首飾、鏡子、酒杯、鉸剪及女紅用品等，背景則為銀河和鵲橋，並用電燈照耀。

一九二七年，剛落成的位於德輔道中的皇后酒店（西港城前），其天臺遊樂場以及銅鑼灣利園遊樂場，皆舉行七夕大會。

二戰和平後，港九各環頭之七姐會，有上環、中環、灣仔、油麻地及旺角等區之瓜菜小販婦女群，以及各工廠女工所舉辦者。

七夕冷落人間

1 | 臥看牽牛織女星，牛郎織女銀河會的圖畫，一九五六年八月十二日《星島日報》。

2 | 有關「七夕冷落人間」的特寫，一九五六年八月十一日《星島日報》。

而羅便臣道、跑馬地藍塘道以及九龍塘等區，均有在殷商公館或府邸舉行之七姐會，規模鼎盛，陳列之拜仙物品，集古今奇觀，琳瑯滿目。

一九五〇年代中，中環結志街及嘉咸街的菜市，皆有姊妹團籌辦之七姐會，會員多為賣菜姑娘。而灣仔亦有同類組織，參加者除賣菜姑娘外，亦有女學生及歡場女子。每人每日供款兩毫，拜仙時可參加宴會、睇大戲，亦可獲現金十五元及一套紗綢唐裝衫褲，喜氣洋洋，十分熱鬧。

一九五六年，內地攝製描述牛郎織女的黃梅戲電影《天仙配》在香港上映，由王少舫及嚴鳳英飾演董永及七仙女，十分賣座，亦引起七夕拜仙的高潮。

一九六〇年代，不少織女（紡織廠的女工），已忘卻拜仙的習俗。

一九七〇年代，西營盤高街的唐樓地舖前，仍可見少女們拜仙及擺七夕的儀式。十多年前，仍見紙紮店售賣簡單迷你的梳妝盆，近年則幾已被遺忘了。

1 **街頭的「梳妝盒」（七姐盆）及盆下的彩式繽紛之七姐衣，以及趁熱鬧的孩童。約一九六〇年。**

1

盂蘭勝會

設於「卅間」（士丹頓街）街坊盂蘭勝會的醮壇，背景為警察宿舍（PMQ），二〇〇二年。

同於農曆七月舉辦的中元節盂蘭盆會，又稱盂蘭節、盂蘭勝會、盂蘭醮會，為坊眾以至大商行所重視。

早於一八八五年農曆七月廿四至廿六，由文武廟舉辦之「四約中元勝會文武二帝鑾儀出巡」，項目有金龍、頂馬及飄色等，儀仗輝煌，笙歌載道。包括肉行、魚行及沙藤行等，各以龍獅熊鳳及彩飄等色，隨駕遊行，極一時之盛。同時，亦祈求正直之文武二帝消除災疫，以及紓緩內地的水災。此舉後來演變為各區舉辦之盂蘭勝會。

農曆七月十五的中元節又稱鬼節，相傳這段時期「鬼門關大開」，鬼魂可重遊陽間。為盡地主之誼，店舖及住家皆提早於七月十四燒衣祭幽，舉行水陸道場，超渡亡魂，且大撒金錢，引致小孩爭相搶拾。

燒衣後，皆劏雞殺鴨以祀鬼神。南北行店舖亦有「拋三牲」儀式，拋下食物如燒味等及硬幣，施捨予窮苦大眾。亦有人僱用小輪，往汲水門（馬灣）燒放水陸幽衣者。

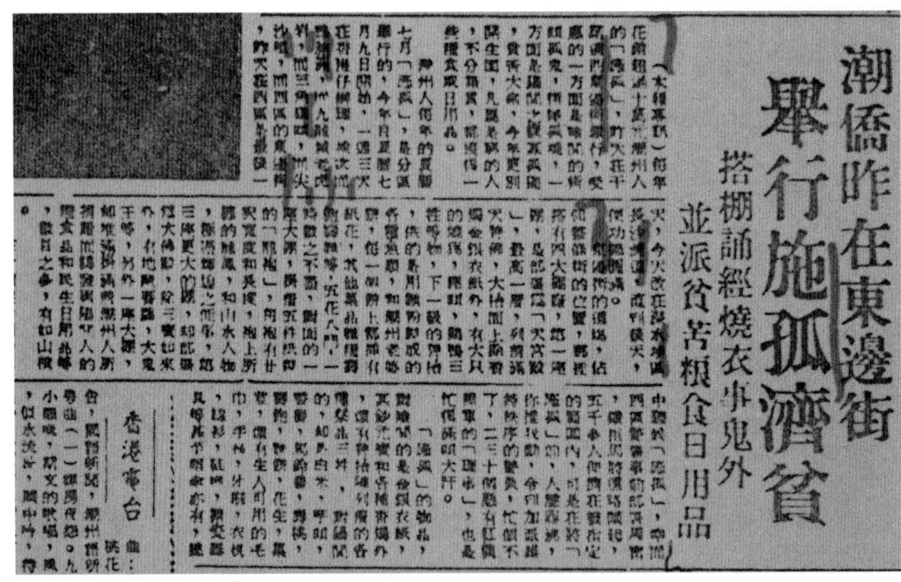

潮僑昨在東邊街舉行施孤濟貧

搭棚誦經燒衣事鬼外 並派貧苦糧食日用品

潮僑在西營盤東邊街舉行「施孤」濟貧，盂蘭道場的新聞，一九五五年九月十三日《星島日報》。

一九二七年，香港九龍嗇色園赤松黃仙祠，舉辦盂蘭盆會。

戰前，已有居港之潮州人士舉辦盂蘭勝會。到了戰後的一九五〇年代，潮籍坊眾的盂蘭勝會及施孤（濟貧）義舉，是於農曆七月初九開始，先後於多區包括香港仔、鴨脷洲、九龍城、老虎岩（樂富）、深水埗、三角碼頭及東邊街等陸續舉行。

東邊街，亦稱為渣甸橋，是指位於正街的渣甸九龍倉碼頭。一九五五年，東邊街與三角碼頭的盂蘭勝會，分別於七月廿一及廿三起，各舉辦兩日兩夜。

兩個醮場的地點，分別為東邊街以西，以及皇后街以西的干諾道西至正街，附近一帶遍懸旗幟及燈籠。兩者皆蓋搭多座經壇、醮壇及神座，陳列製作精巧之龍袍、龍冠、金銀衣紙及冥鏹，還有商戶及善信捐出之施孤食物、米及日用品等，受惠者除孤魂野鬼外，還有人間的勞苦大眾。

用竹蓋搭的醮壇，第一座名為天宮殿，供奉滿天神佛，另一座則供奉三寶如來佛、地藏王及鬼王等。

一九五五年的施孤，有五千坊眾排隊領取，有勞警察維持秩序。

同時，另一盂蘭熱點為中上環「卅間」的士丹頓街、光漢臺及鴨巴甸街，警察宿舍PMQ旁一帶，除醮壇外，還有一約兩層樓高，橫跨士丹頓街的鬼王，另有一設於必列啫士街街市旁的戲臺，供上演粵劇和唱女伶，以娛坊眾。

附近潮籍人士的店舖及住宅，皆飾有彩門、燈籠、電燈裝飾及旗幟，入夜後，恍如上元節燈市。

數年前，因醮場接近SOHO區，吸引到大批外籍人士參觀。

近兩年因新冠疫情，各區的盂蘭勝會暫停舉行。

1 | 西營盤渣甸橋（碼頭）東邊街，盂蘭勝會醮壇前的花牌。二〇〇九年。

2 | 皇后街與干諾道西交界，三角碼頭區盂蘭勝會的神壇。二〇〇九年。

3 | 筲箕灣南安坊盂蘭勝會的龍王及神祇紙偶。約一九六〇年。

1

2

3

九龍城
潮僑
街坊
丁丑年
盂蘭勝會
德恩善堂

九龍城馬頭涌道的盂蘭勝會，
一九九七年（丁丑）。

會景巡遊

一八九六年，皇后像（維多利亞女皇像）置放，以及所在之皇后像廣場落成時的閱兵情景。右方為一年後落成的第二代香港會所。

一八八四年十月十日報載，有華人於農曆八月十九，在紅磡結草為龍，斷竹作燈，於晚間鼓樂喧闐，人語嘈雜，取道往油麻地。

一九〇九年中秋節，大坑鄉人舞草龍，曾因與附近堅尼地馬房之馬伕互毆，引致當局禁舞一年。

上述的舞草龍即為舞火龍，於一八八〇年在大坑興起，用以驅疫，亦可見諸於薄扶林村。

一九四〇年九月二十三日，霍亂流行，西營盤有人舞草龍（火龍）抬菩薩出遊市面，以期驅除病魔。

一九〇一年六月二十一日，晚上舉行慶祝英皇愛德華七世加冕巡行，魚燈巡遊街道，由皇后像廣場至灣仔皇后大道東，海面演放火箭，皇后像廣場旁放煙花。

十年後的一九一一年六月二十二日，慶祝英皇喬治五世加冕，舉行兩晚魚燈夜景巡遊，由鵝頸橋（堅拿道）「起馬」（出發），經灣仔及中上環至石塘咀，包括半山區的多條大街小巷，包括皇后大道、文咸街、永勝街、太平山街及磅巷等而返回出發點，亦有火龍在海面巡遊。

一九一一年十一月八日，慶祝武昌起義成功，本港各處炮竹聲不絕。有一輛電車於兩旁升起「新漢萬歲」及「漢族萬歲」等旗幟，沿途各車站均有人歡呼慶祝。

一九三五年，慶祝喬治五世登位銀禧，於五月六至八日，舉行三日兩夜的會景巡遊，路線由西環起至跑馬地，歷時三小時半，有數十匹紙紮的麟、獅、虎、馬，還有飄色及佛山秋色（仿製品，例如用涼粉仿製成塘虱魚等），以及魚燈、雀燈和長達二百多尺的金、銀及紗龍，琳瑯滿目。

大量內地及澳門人士前來「睇出會」，酒店及旅館均告客滿。

兩年後，英皇喬治六世加冕，亦舉行三日兩夜、規模相若之巡行，因香港外圍戰雲密佈，熱鬧情況遜於兩年前者。

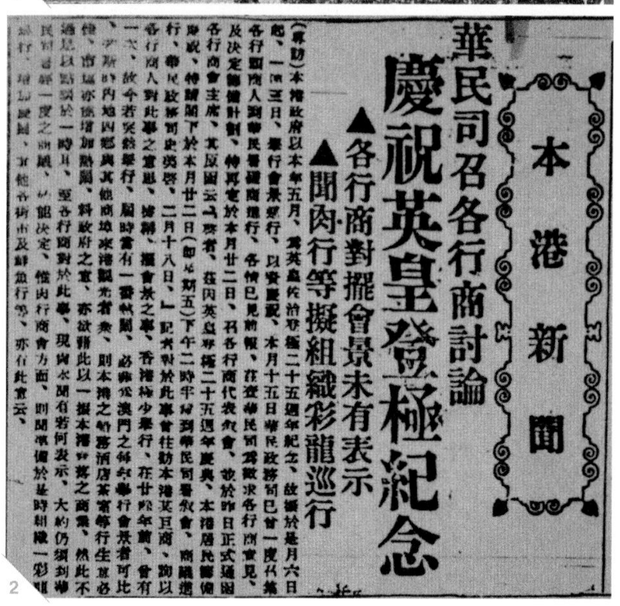

本港新聞

華民司召各行商討論

慶祝英皇登極紀念

▲各行商對擺會景未有表示

▲閩肉行等擬組織彩龍巡行

（專訪）本港政府以本年五月、為英皇佐治登極二十五週年紀念、故擬於是月六日起、一連三日、舉行會景巡行、以資慶祝、本月十五日華民政務司已曾一度代集各行頭商人到華民署磋商進行、各情已見前報、茲查華民司為徵求各行商意見、及決定籌備計劃、特再定於本月廿二日、召各行商代表叙會、並於昨日正式通函各行商會主席、其原函云「啓者、茲因英皇登極二十五週年慶典、本港居民籌備慶祝、特請閣下於本月廿二日（即星期五）下午二時半蒞到華民司署叙會、商議進行、華民政務司史美啓、二月十八日、」記者對於此事曾往訪本港某巨商、詢以各行商人對此事之意思、據稱、擺會景之事、香港極少舉行、在廿餘年前、曾有一次、故今若突然舉行、屆時當有一番熱鬧、必無殊於澳門之每年舉行會景者可比、又新近內地因鄉與其他商埠來港觀光者衆、則本港之旅業酒店茶寮等行生意必佳、市場亦極增加熱鬧、料政府之意、亦欲藉此以一振本港市務之商業、然此不過是以點綴於一時耳、至各行商對於此事、現尚未聞有若何表示、大約仍須到華民司署叙一度之商議、始能決定、惟肉行商會方面、則聞準備於是時組織一彩龍巡行、增加熱鬧、其他各街市及鮮魚行等、亦有此意云、

1 慶祝英皇喬治五世加冕，蓋搭於上環文咸東街（右）及蘇杭街（左）的兩座中式牌樓，一九一一年。

2 有關英皇喬治五世登位銀禧擺會景及巡遊的新聞，一九三五年二月二十日《華字日報》。

一九五三年六月二日，慶祝英女皇伊利沙伯二世加冕，在港島舉行以花車為主的巡行，由跑馬地經軒尼詩道、德輔道等至石塘咀。加冕日，我被父親抱着，在水泄不通中環街市旁的租庇利街，遙望依稀的巡遊景象，印象模糊，但已感到熱鬧的氣氛。沿途的茶樓酒家亦藉出會發大財，一個可供觀看出會的卡位收五十元，一盅茶收八元，一席酒菜收三百元（三個月薪金）。

當晚，舉家往上環十王殿廣場及干諾道一帶，觀看兩三座中式慶典牌樓。又前往中區，觀看皇后像廣場及附近大樓的火樹銀花慶典燈飾。

巡遊於六月三日在九龍彌敦道舉行，亦是萬人空巷。新界元朗則於六月四日舉行。

多間學校皆有加冕紀念品贈送，如塑膠杯、搪瓷或鋁漱口盅等。

一九五九年三月六至八日，皇夫愛丁堡公爵訪港，目睹他乘開篷車經過皇后大道中，亦頗熱鬧。

一九六四年，九月四日東京奧運聖火抵港，因颱風襲港，聖火多留香港一天，我曾在七號風球下，往大會堂參觀聖火。

一九七五年，英女皇首次訪港，亦在九龍彌敦道舉行一次出會，但規模較簡單，氣氛遜於一九五三年。

港九今熱烈慶祝加冕

四區分別舉行閱兵

金龍飛舞盛大巡遊

立法局集會向女王獻頌效忠

東方之珠瑰麗

兩岸爭輝

島上燈色

香港人眼福不淺

睇完一回又一回

明年英皇加冕又出會景

華紳商不憂無效力機會

「鑾儀會」大可再來一次

英皇愛德華第八加冕大典、已定明年五月舉行。日期則尚未確定、現倫敦及英國各屬地均紛紛籌備熱烈慶祝、本港方面、亦由當局籌備組織委員會多個、管理慶祝事宜、各委會委員人選、不久即可公布、其中包括海陸空軍司令長官及政府各機關各公共社團代表等、使各方均能獻議慶祝辦法、俾政府採擇施行、務期規模偉大、儀式隆重、故預料將來熱烈情形、較諸去年之銀禧大典、及一九一二年之英皇佐治第五加冕慶典、尤爲盛鬧也、茲將記者探悉籌備情形、分述如次、

1 | 籌備英皇愛德華八世加冕會景巡遊的新聞，一九三六年十月二十一日《華字日報》。但最後因愛德華遜位，改為慶祝英皇喬治六世加冕。

2 | 慶祝女皇加冕閱兵及巡遊的新聞，一九五三年六月二日《星島日報》。

3 | 德輔道中一百七十三號先施百貨公司慶祝喬治五世銀禧的會景牌樓，一九三五年五月。

1 | 女皇加冕巡遊開路先鋒正經過軒尼詩道與史釗域道（中上方）交界。

2 | 巡遊車隊及表演隊伍正經過軒尼詩道近軍器廠街，右方為晏頓街。

女皇加冕慶祝期間的德輔道中會景裝飾，左方為中國、匯豐、渣打、中國聯合及東亞銀行。右方為高等法院及太子行。

巡遊車隊正經過皇后大道東（金鐘道）近美利道，右方樹叢的地段於一九六七年闢成紅棉路。

設於遮打道正中，加冕會景的宇宙球。

1

1 | 加冕夜遮打道的景致。左方為歷山大廈及告羅士打行，右方為沃行。正中為畢打街十六號與德輔道中十八號交界的渣甸（怡和）洋行，現為會德豐大廈所在。

2 | 一九五三年六月三日，在九龍彌敦道舉行的加冕巡遊，隊伍正經過一座慶典牌樓，左中部為甘肅街口的平安戲院。

2

郡主明媚艷麗
一派皇族氣息

主均報以點頭微笑。車過德[illegible]街新聞牌樓時，仰首欣賞。

△郡主從在皇后碼頭登岸起至乘車到督轅，[illegible]的歡迎儀式不過是十餘分鐘。郡主乘敞篷車去後，碼頭的人開始散開來，一時如百鳥歸巢，人如潮湧，許久還未恢復常態。

△郡主抵督轅後不久，第一件喜事是接獲瓜高烈公主殿下誕兒之消息，郡主立刻發電前往向其賀喜致賀。

△今晚九時半，本港海面將大放烟花，以迎接雅麗珊郡主蒞臨。屆時，將有一番盛況。

1 | 一九六一年十一月，歡迎英國雅麗珊郡主之盛況的新聞，一九六一年十一月四日，《工商日報》。

2 | 一九六一年十一月，英國雅麗珊郡主訪港期間銀行區的裝飾，正中為設於皇后像廣場、由竹及燈籠構成的歡迎牌樓。

一九六六年三月，中環區希爾頓酒店（現長江中心所在，慶祝英國瑪嘉烈公主伉儷訪港的裝飾。）

消費

和平後的半個世紀，市民的消遣，由銷金窩式的舞廳夜總會以至平民化的避風塘乘涼和遊船河等，老幼咸宜的則為參觀一如嘉年華會般的工展會，豐儉隨意。

賽馬亦為部分市民的生活文化，馬照跑、舞照跳，有安定人心的功效。

遊船河

由軍器廠街至東角的一段海面，正中可見中西式的遊艇、電船仔及小艇各一艘。約一九六〇年。

早於一九〇二年，已有一艘「火船」（輪船）寶華號，供市民遊船河，觀賞慶祝英皇愛德華七世加冕的煙花匯演，船上有生果及荷蘭水供應。

和平後，不少人乘搭港內線渡海小輪遊船河，尤其是由中環往深水埗的航程約三十分鐘，在當時於小輪泊岸時可是不需離船上岸，故可原船返中環。在這一來一回的個多鐘頭內，享受陣陣海風，欣賞維港兩岸，以及尖沙咀、油麻地、旺角、大角咀以及昂船洲等的景色，十分寫意。

一九七〇年代，報章的財經「花邊新聞」報導，一位華資大地產商，就是在多程往來而又不需上岸的天星小輪上，與客戶「斟」成一單大買賣。

一九五三年，美國軍艦「新澤西」號，因噸位重「食水太深」，不能駛入維港而碇泊於將軍澳，油麻地小輪載客前往參觀，每人來回收一元，有三萬多人乘船前往，輪候人龍由統一碼頭延至上環三角碼頭，為有史以來最長的搭船人龍。順便一提，從此，人們用「新澤西」來形容「打斧頭、食水太深」刻扣伙食費以「自肥」的伙頭（廚子），代替慣用之「忽必列」（呑金滅宋（餸）之元世祖）。

一九五〇年代中，曾舉家參加一次由油麻地小輪公司主辦的中秋環島遊，可欣賞歌唱節目及海景，印象難忘。

四十年代後期，市民喜往有多艘賣唱艇和食物艇的銅鑼灣舊避風塘（現維園所在）及新避風塘，以及油麻地避風塘，遊艇河乘涼遣興聽曲和享受美食，為賞心樂事。

當時在街上拉客的應召女郎（妓女），常遭拘捕而被控「阻街」，故又被稱為「阻街女郎」。

部分女郎為免被拘控，變身為「兩棲動物」，不時「乘桴浮於海」，僱艇在海上接客，因當時未有「阻海」的罪名。

其實銅鑼灣及油麻地避風塘，都有若干艘名為「花艇」的妓艇。油麻地避風塘範圍內，有一條「中河街」，兩邊皆為賣唱艇；另有一條同位於海上的「上海街」，兩邊全為妓艇，遊河客可在此風花雪月，真箇銷魂。所以，避風塘內，不時聽到「找姑娘嗎」之「佳麗」的呼聲。

早於一九一〇年代，已有娼妓在大佛口現軍器廠街一帶對開海面作賣淫活動。

○消夏有方　本港商務忙碌際此暑天雖有星期暇日苦無消夏地方今聞本港志和號特派出海通輪船壹艘由本禮拜日起以後每逢星期載客往遊港海各處兼往沙明波靜之處作游水會於消閒遊樂之中仍有學習衛生之術便未諳游水者一二次便能游泳自如而破費亦不多誠善法也其詳細請觀本報告白

1

1｜有一海通輪船，每逢星期日，「載客往遊港海沙明波靜之處」游泳的訊息，一九一一年七月一日《華字日報》。

2｜銅鑼灣舊避風塘內消費及遊河艇，右方有巴士行駛的是高士威道。這避風塘於一九五一年着手填海以闢建維多利亞公園。約一九五〇年。

2

從禮頓山政府宿舍（前）一帶，東望舊銅鑼灣避風塘，右方的高士威道旁正進行填海以闢維園，填海地段上端的「敬記船廠」，現時為屋苑「栢景臺」的所在。左中部的牛奶公司冰廠現時為「皇室堡」，其上端位於興發街的馬寶山糖果餅乾廠稍後改建為「維景花園」屋苑。一九五二年。圖片由張順光先生提供。

一九六〇年代中，油麻地小輪船公司於晚上及週末，舉辦環島遊船河活動，吸引大批中外人士參加。不少人（包括在下）亦喜歡乘搭往大澳的小輪，可飽覽汲水門（馬灣）、青山（屯門）、東涌及沙螺灣等地的景色。

約一九七〇年，有兩艘由退役天星小輪改裝而成的環島遊船「惠風皇子」及「惠風公主」號，主要接載遊客，船上設餐飲服務。同時有一艘新下水的油麻地公司小輪民昇號，頂層設有夜總會。

後來，該公司的多艘汽車渡輪，亦將頂層改裝為設有酒樓夜總會，部分時間用作遊河船。我亦多次為座上客。

由尖沙咀望維港及中環，海面上可見包括小輪、汽車渡輪、遊艇及電船仔等，畢打街前正興建新卜公碼頭。一九六四年。

銅鑼灣東角的怡東酒店及世界貿易中心和其樓下的碧麗宮夜總會。前方的避風塘內可見多艘遊艇，前方為炒賣艇興記。約一九七五年。

泊於銅鑼灣新避風塘的遊河艇及各類消費飲食艇。右方為百德新街一帶的新樓宇。約一九六八年。

1 | 位於香港仔的宴飲艇（左），以及遊河艇。約一九七五年。

2 | 香港仔的載客艇及住家艇，這些小艇提供遊船河，往鴨脷洲、赤柱以至往中環的服務。一九三六年。

3 | 油麻地避風塘內的遊河艇、住家艇、貨艇及電船仔。背景左右兩旁為第一代汽車渡輪的民讓及民恭號。約一九七〇年。

4 | 油麻地避風塘旺角段內的住家艇及遊河艇。正中可見一艘駛往山東街旺角碼頭的油麻地公司小輪民勇號。約一九六八年。

中環統一碼頭，左方海濱花園旁可見，由汽車渡輪改裝的遊河船「香港明珠」號。頂層的載客部分已被改裝為可供宴飲及表演的夜總會。一九九二年。

Salem

工展會

一九五七年第十五屆「工展會」在尖沙咀梳士巴利道及彌敦道（左）的地段舉行。正中央入口，所在現為喜來登酒店及停車場。

一九三八年二月四日，第一屆「國貨展覽會」，在聖保羅書院舉行，展期只有一天。

俟後的舉辦地點，包括旺角彌敦道的南華中學、皇后大道東現伊利沙伯體育館所在、尖沙咀半島酒店旁。由一九五一年起，「國貨展覽會」易名為「香港華資工業出品展覽會」。

一如嘉年華會般的工展會，固有新展品可供觀賞購買，亦有折扣優惠，大收旺場之效。市民喜購的有煮食器皿、衣物、藥品、糖果、食品以及調味品等，另一熱門物品為熱水瓶和縫衣車。當時的工展會，共有十三、四條街之多。一九五三年，開辦舉辦工展小姐選舉。

一九五四至五六年的兩屆工展，在愛丁堡廣場現大會堂所在的新填地上舉行，俟後重回尖沙咀舊址。

一九六〇年，工展會改在金鐘區海軍船塢夏愨道旁舉行，一座大門樓設於美利道現和記大廈所在。兩毫的入場券可作工展小姐的選票，有人在入閘口代支付兩毫而取走入場券。為赤裸裸的種票手段。

一九六一年，名稱改為「香港工業出口展覽會」，取消「華資」兩字，故有不少外國廠商參加。

一九六一年的工展會被一場大火燒毀，經過緊急裝修重新開幕，展期亦延長了約十天。

一九六三年，工展會改在紅磡現紅隧出入口所在一帶舉行，當時交通不便，仍有二百多萬人參觀，邵氏及電懋公司設館宣傳新片及明星。滙豐、渣打及恒生銀行，分別展出兩行發行的新舊鈔票，以及恒生珍藏的中國錢幣。

一九七〇年，遷往灣仔新填地現中環廣場迄至稅務大樓一帶舉行。一九七四年起停辦。一九九四年起，在會展、金鐘添馬地段以及維多利亞公園恢復舉辦。

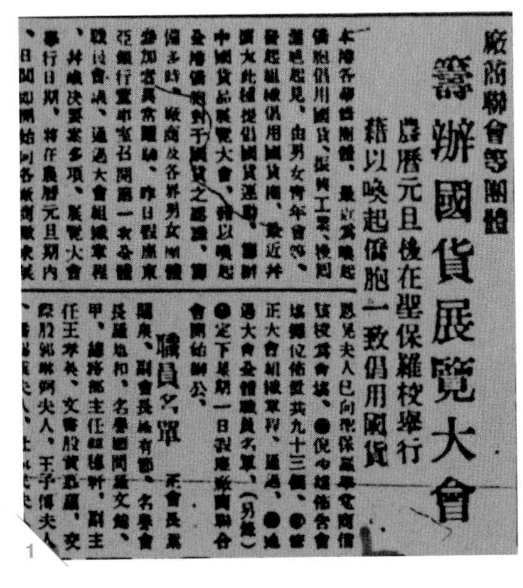

廠商聯會等團體

籌辦國貨展覽大會

農曆元旦後在聖保羅校舉行

藉以喚起僑胞一致倡用國貨

國貨展覽會

已定下月開幕

展覽地點在九龍華南中學校

聘婦女界名流多人爲審查員

十三屆香港華資工業展覽会

各業參展名單

籌募工校基金

發行獎券

1 | 籌辦「國貨展覽大會」（工展會的前身）之新聞頭條，一九三八年一月十五日《華字日報》。

2 | 第二屆國貨展覽會在九龍舉行的新聞，一九三九年一月十九日《華字日報》。

3 | 「十三屆香港華資工業出品展覽會」（工展會）的報章專欄，一九五五年十二月二日《星島日報》。

1 | 一九五四年在愛丁堡廣場新填地（現大會堂所在）舉辦之「第十二屆香港華資工業出品展覽會」的大門樓。

2 | 一九六七年，「香港工業出品銀禧（第二十五屆）展覽會」在紅磡新填地舉行。圖為展場內的時裝表演。

3 | 紅磡工展會會場。所在現為紅磡海底隧道的出入口。約一九六七年。

2

3

賽馬

約一九一五年賽馬日的情景。正中為普羅市民的活動場所，背後可見創辦於一八四八年的聖保祿小學。

約一九一七年的馬場主看臺（左）前的「高級」馬迷。正中尚未夷平的摩理臣山前為平民馬棚，一年後這裡發生「馬棚大火」。

香港賽馬歷史始於一八四四年，一八四五年才有紀錄，參與者全為外籍人士，當時的馬場是位於中區現花園道與美利道一帶，到了一八四八年才移往黃泥涌的跑馬地。由一八七四年二月二十三日起，每年舉辦一次周年大賽，每次賽三日，每日賽七場。

一八八四年，香港賽馬會成立。到了二十世紀初，除香港賽馬會外，還有「占間拿賽馬會」及「巴夫士陸軍隊」舉行賽馬，歡迎市民入內參觀及投注。一九二六年，馬會始有華人會員。遮打爵士於一八八四年起任賽馬會主席迄至他於一九二六年逝世為止。

一九二五年起，多家機構及團體，包括華商會所、南華體育會，公平公會、會豐遊樂會、香港警察俱樂部、印度人遊樂會、崇正工商總會、退伍軍人義勇隊、建造工業總會、南海九江旅港同鄉會等，發行打比賽馬票。各會的會員及市民均踴躍購買，頭獎彩金有多至十五萬多元者。

一九三五年起，賽馬會亦發售馬票，每張一

一九三〇年的馬場，可見同年落成設有鐘塔的新看臺。正中的第一代避風塘所在現時為維多利亞公園。

元，共售出十六萬張。同時聖約翰救傷隊亦推銷馬票發展新界慈善事業。

一九三九年三月四日，春季賽馬第四天，舉辦「打吡馬王」賽，老香港稱為「跑馬王」。在戰前，有若干賽馬日兒童是可隨家長免費入場的。

直到戰前，所有馬名都是英文名，中文馬名只是拼音，如 Lucky Star 為勒其士他、Diamond Hill 為大文希路、Prince Harbour 為拼士哈巴等。淪陷時期才開始有中文馬名直到現在。

日據時期賽馬繼續舉行，但賽馬會改名為競馬會。

和平後的一九四六年，英陸軍舉行慈善大賽馬，亦發售馬票。到了一九四七年，香港賽馬會恢復賽馬，並發售每張二元的大馬票。

一九五〇年代，市民熱衷於賽馬。一九五五年四月，馬會看臺改建，於半年後落成，而市民對賽馬的投注及買馬票的興趣，與日俱增。曾有兩三次，跟隨父親在馬場中間「睇跑馬」，所見到的是看臺上的喧嘩人海。

五、六十年代的「跑馬王」是「香港冠軍暨車打（遮打）盃賽」。

一九六〇年代初，著名的騎師有郭子猷、林國樑、林國強、洪燮康、告魯士、衛林士及梅道登等。郭子猷曾為多屆的冠軍騎師。

一九六四年三月，春季大馬票出現搶購，以致斷市，銷數創戰後最高紀錄。

一九七三年十月十七日，港督准許賽馬會場外接受投注，部分戲院的票房亦兼作投注站。此舉主要是打擊社會上十分熾熱之「賭外圍馬」的非法投注活動。

一九七三年，賽馬會開辦「多重彩」投注券，但市民投注不熱烈。一年後，推出「六合彩」以取代「多重彩」，大受市民歡迎，對於非法的「字花」賭博，為一致命打擊，同時，亦導致馬票於三年後停止發行。

一九七八年十月七日，沙田新馬場揭幕，進行首天賽事，香港的賽馬事業，進入一新紀元。

馬照跑，舞照跳的承諾，使香港人對前景增添信心。個人喜歡搜查賽馬及馬場一帶發展的資料，曾有數次在馬會看臺範圍的餐廳進食，面向寬敞的快活谷，確是快活。

約一九六五年的馬場，前方可見落成於一九五五年的看臺大樓。

左中部可見屋苑「逸廬」以及其背後禮頓山上的政府宿舍。

跑馬地及前的銅鑼灣鵝頸橋區。約一九二五年。長久以來跑馬地馬場除賽馬外，亦為市民的體育活動場所。

1 | 「粉嶺馬會」刊登「粉嶺特別賽馬」的廣告，一九三二年二月三十一日《華字日報》。

2 | 一九六一年十一月三日《星島日報》，有關秋季大馬票頭獎的新聞。

3 | 夏季馬票開彩的新聞，頭獎有六十七萬多元，可購四層高唐樓十多幢。一九五〇年四月九日《星島日報》。

4 | 新春賽馬的新聞，一九五六年二月十九日《星島日報》。

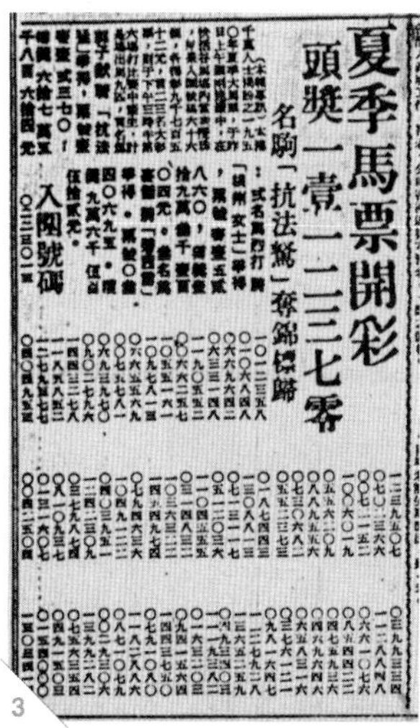

夏季馬票開彩

頭獎一壹一二三七零

名駒「抗法獅」奪錦標歸

3

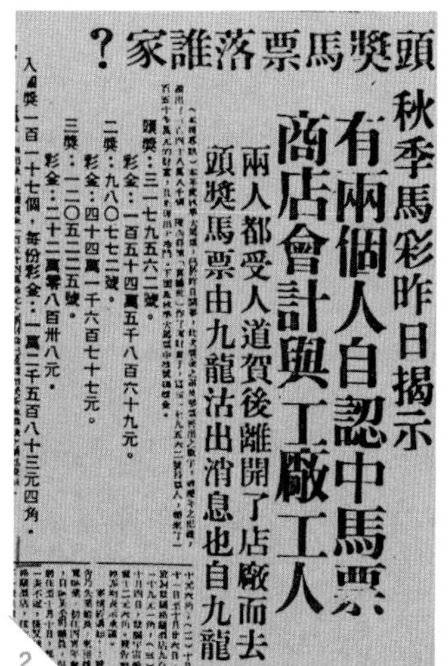

頭獎馬票落誰家？

秋季馬彩昨日揭示

有兩個人自認中馬票

商店會計與工廠工人

兩人都受人道賀後離開了店廠而去

頭獎馬票由九龍沽出消息也自九龍

頭獎：三一七九五六二號。

彩金：一百五十四萬五千八百六十九元。

二獎：九八〇七七二號。

彩金：四十四萬一千六百七十七元。

三獎：一二〇五二二五號。

彩金：二十二萬零八百卅八元。

入圍獎一百一十七個，每份彩金：一萬二千五百八十三元四角。

2

粉嶺特別賽馬

本港假期中之消遣地

歡迎華人士女參加

1

新春又見馬蹄忙

大熱門馬出盡風頭

4

舞場

約一九六二年的彌敦道，左方為加士居道，右下方有一「宮殿舞廳」，這一帶的平安、高華及金漢酒樓皆設具舞池的夜總會。

舞場或舞廳始於一九二〇年代後期。根據一九三二年十一月二十四日報載，港九共有跳舞場二十多家，名稱多為跳舞學苑，年青貌美的舞女應接不暇。

同時，亦有籌設於省港渡輪中之舞場。

一九三六年三月，因不景氣導致舞場業務衰落，大型舞場舞廳只餘三間，二等者三、四間，賣出之舞票比往年銳減，無利可圖，較為體貼客人之舞女，生意尚不惡。

大規模者為位於石塘咀廣州酒家五樓的廣州舞廳，附有天臺花園，風景怡人，有「交際花」（舞女的別稱）陪客，又有菲律賓樂隊伴奏。

一九三九年，中區之大華舞廳及國泰舞廳之舞女，籌募「八一三」獻金。一年後，全港舞女及塘西歌姬，為籌賑內地兵災，舉辦「八一三」戶內賣花籌款。

一九四〇年八月二十八日，英皇道七姊妹的麗池泳池及泳場開幕，設有餐廳及舞場。於大半年後一度改名為新麗池。

約一九三日〇年由石塘咀電車總站望山道。廣州酒家、以及左中部五層高的金陵酒家內均設有舞廳。

同年十一月十三日，石塘咀金陵酒家內之金陵舞廳，為籌濟內地傷難同胞，舉辦義舞，籌得千餘元。

一九四一年三月十一日，婦女慰勞會之舞星選舉揭曉。同年十一月十八日，香港中國婦女兵災籌賬會，假座麗池主辦慈善餐舞遊藝大會。

一九四一年中，著名舞廳有中華百貨公司樓上的中華、德輔道中的十二號皇室行之百樂門，同街二十二號之大華、石塘咀之金陵，以及由廣州易名之銀都。當年九月，有大量來自上海之舞星，在金陵酒家五樓之舞廳候教。

和平後的一九四六年，多家舞廳復業，皇室行之百樂門為全港第一家冷氣舞廳。一九四七年四月十日，百樂門的舞女罷工成為大新聞，報章描述為「火山爆發」，舞客被稱為「火山孝子」。

一九四八年六月五日，灣仔駱克道的巴喇沙舞廳，標榜有美艷紅星多位，登場候教。

由一九四〇年代後期起，「腳震」（跳舞）的「火山孝子」（舞客）漸多，多家新舞廳在港九各區開業，包括中環皇后大道中的京都、香城、瑤池，德輔道中的迷樓、金馬及麗都。石塘咀的仙樂、凱旋及塘西。

灣仔區則有告士打道的金鳳池、中央、香島、荷李活、巴西、夢鄉及莎樂美，駱克道的紅樓、國泰、軒尼詩道的昇平，莊士敦道的南國及英京酒家三樓的英京舞廳等。

九龍則有彌敦道的金殿、米奇、百老匯、維也納、銀星、璇宮及麗都等。六十年代最著名的是佐敦道的東方。

其他著名的還有位於港島麗池花園、月園，九龍的荔園及明園各遊樂場內的舞廳等，不少設有「鴛鴦廂座」。一般人用「銀燈蠟板」來形容舞廳。

一九五一年，歌星方逸華在軒尼詩道三十七號昇平舞廳演唱。

當年，除大舞廳外，還有五花八門的小型舞院，亦有只容三、四人的無牌「黑市」舞院和「走私」舞院。

一九五一年前後，大量上海舞女南來，導致更多新舞廳在各區開設，可是，前往消費的「火山壯士」都無增多，加上「銀根短缺」，令到不少舞女「坐冷板櫈」（無人問津）。

一九五四年，警方整頓舞院，不准設鴛鴦廂座，跳舞「學生」只限六對。

又取締無牌的黑市及走私舞院，以致過千名舞女失業。為求自救，部分舞女集合三、五人為一組，租賃一層樓宇，以「家庭教師」作標榜，實為變相舞廳，將香閨用作貨腰場。不過，在五、六十年代，各報章的分類廣告欄，有大量「招請舞伴」的廣告。

一九五五年，被整頓後的跳舞場，可分為三類，首為夜總會，次為舞廳，再次者為舞院。場所內，除「買賣雙方」的舞客和舞女外，「靈魂人物」為安排舞女「坐枱」及「出街」等「交易」的「舞女大班」，以女性為多。

五十至七十年代，為舞廳的輝煌歲月，無數「白領」（文員）及「藍領」（工人）奔赴大小舞廳，作「蓬蓬拆拆」之「腳震」消遣。一般「慳住荷包」的則於九時前離席，打道回府，被嘲為「跳孤寒舞」。等而下之的「沙漠梟雄」（無水及多沙塵）的慘綠少年「阿飛」（流氓）輩，則熱衷於跳花費一至二元，只限於七時內活動的茶舞，最普遍的是上環舊李寶椿大廈內的月宮酒樓夜總會。因品流複雜，樓下的德輔道中不時有爭風打鬥的場面。

一九七〇年代，港九的高級舞廳，有位於灣仔杜老誌道六號的杜老誌舞廳，以及比鄰一至五號的新世界夜總會，還有駱克道二百八十五號的新加美，以及三百八十九號的富士舞廳等多間，尤以杜老誌門面裝飾和懾人氣勢，只有稍後在尖沙咀開業的「大富豪夜總會」，才可與其匹敵。

當年，在這銷金窩地帶及駱克道之高級酒樓食肆區，常目睹與豪客並肩，艷光四射的舞小姐，洋溢出燈紅酒綠，衣香鬢影的氣派。

一九七七年，筆者居於告士打道金鳳池舞廳隔鄰，不時見到艷裝的舞小姐及「大班」，大部分予人有「美人遲暮」的感覺。

1 | 舞女羅佩蘭的肖像，一九二九年。

2 | 位於石塘咀皇后大道西塘西舞院的揭幕廣告，一九五〇年二月七日《星島日報》。

3 | 皇后大道西，聖佛蘭士街旁，秀華臺上的東都飯店花園舞廳的開幕廣告，一九五〇年五月十二日《星島日報》。

4 | 月園遊樂場內，天宮舞廳的廣告，一九五〇年六月一日《星島日報》。

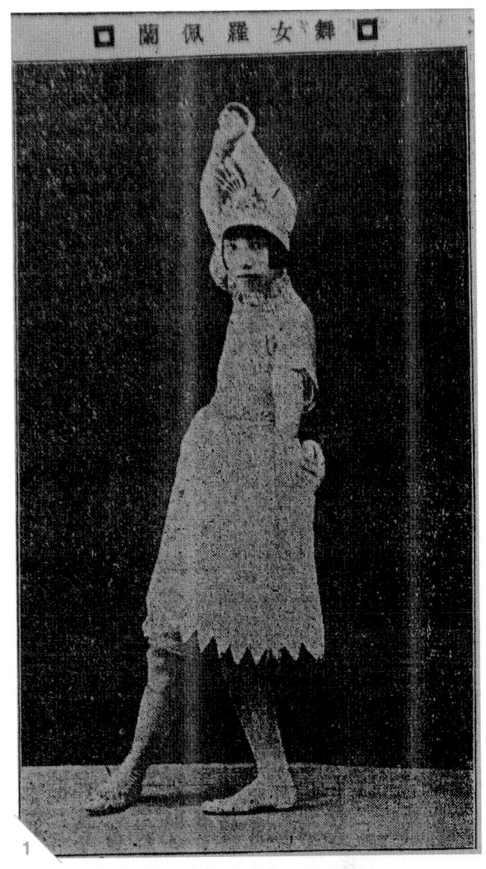

1

西區唯一學舞聖地
塘西舞院
即晚八時隆重揭幕
恭請各界光臨指導
焦鴻英女士主持揭幕
唐白玲 潘燕明 江小媚 楊瑞冰 曾美蓮 畢秀麗
本院特點
舞池宏大 燈光美妙 設備新型 瑰麗堂煌
地址：

2

大道東秀華台 電話二〇四四九
東都飯店花園舞廳
準五月十四日星期日開幕
加設露天舞池
菲島樂隊伴奏
酒菜茶點精美

3

4

由山東街北望彌敦道。約一九六〇年。正中可見設於新雅酒店內的新雅酒樓夜總會及新瓊樓舞廳。

一九七九年彌敦道。右方為位於重慶大廈的金都城酒樓夜總會，附近亦有附設夜總會的金冠酒樓。

一九八三年，用勞斯萊斯名車作配襯的「大富豪夜總會」在尖沙咀東部開業，連同附近的多家高級舞廳夜總會及食肆，這一帶旋即成為新興的風月區，將灣仔娛樂消遣區的鋒芒掩蓋。

記得當年為「大富豪」行開幕禮的嘉賓便是用「馬照跑、舞照跳」作開場白。

餘音

一九四五年八月香港重光後，社會恢復穩定，市民開始打拚，生活無憂之餘，亦尋求衣食住行及消閒遣興質素的改善。不少人經過努力奮鬥，吃得苦中苦終於熬出頭而成為人上人。

香港重光後的社會

與的士並列而行的人力車。約一九六五年。

和平後的一九四〇年代，生活恢復正常，在當時百廢待興的社會，曾出現若干特殊的現象、習慣，還有當局應對的法規，影響着市民的生活，現將其中部分作簡略的回顧。

寂靜地帶

一九四九年十二月，港府宣佈中環街市以東，包括皇后大道中至干諾道中，伸延到美利道的範圍，為「寂靜地帶」，在此地帶內，汽車不准響號，小販不准叫賣。有小販於德輔道中高等法院前「賣葛」（與 MY GOD 同音）而被拘控。

高等法院女廁

一九五〇年代，婚姻註冊署是設於皇后像廣場旁的高等法院內，所在的建築物現為終審法院。著名影星夏夢與商人林葆誠、傅奇與石慧，皆於一九五四年在此舉行婚禮，多人出席觀禮。惟法院內無女廁之設，女士三急時只能入男廁，遇到男士小解時亦視若無睹，昂首側身直趨馬桶間。反而部分男士覺得難為情，立即「制水」及「剎停」，狼狽退出。

斑馬線

始於一九五〇年代中，一九五八年嚴格執行沿斑馬線過馬路的制度。將斑馬線擬人化的「斑馬先生」，又名為「斑馬佬」的標誌，在港九各區出現。

夏令時間

一九四六年，因夏季太陽早升，為因應日出提早工作，於四月二十一日起，改用夏季時間，將時鐘撥快一小時，到冬季才撥慢。此現象曾斷斷續續一直維持至一九八〇年代。「校快鐘」「校慢鐘」為當時重要的生活部分。

火警鐘

由戰前開始，港島多條街道的轉角處，包括皇后大道中與畢打街，皇后大道西與荷李活道，擺花街與威靈頓街等的交界，設有置於一鐵柱上的火警鐘，報火警時要將警鐘的玻璃打破，拉出電掣後放回原處，報警人要等候至警察到達。此種方法要到一九五〇年「999」報警方式通行後才逐漸停止。

與火警鐘相類的是始於二十世紀初，疫症肆虐時的「電燈杉掛老鼠箱」（用此形容一高一矮的情侶），當局用此收集死鼠以查疫症的源頭。報火警鐘及老鼠箱皆於一九六〇年代中於市面消失。

由皇后大道中望中國街（約一九七〇年易名為萬宜里）。約一九三〇年。用一條污穢雜亂的窄巷命名為中國街，不知所謂，亦不成體統。

逼簽港幣准予流通

滙豐銀行昨通告

幣值總額

消息傳來 金融激動

黃金飛昇 由三九至四四

物價急漲 平民受苦

影响物價急激升漲 黃金國鈔響應上揚

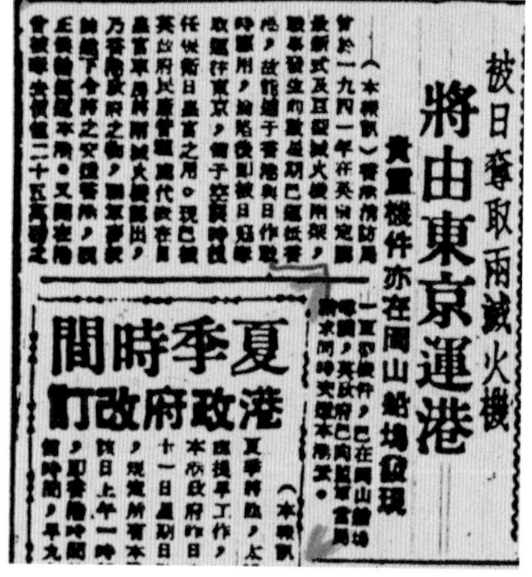

被日奪取兩滅火機 將由東京運港

貴重機件亦在岡山船塢發現

夏季時間

港政府改訂

「逼簽港幣准予流通」、「被日本奪取的滅火機（救火車）將由東京運港」、「港府訂夏季時間」的三宗新聞。一九四六年四月三日《星島日報》。

和平後一年，社會趨於穩定，化妝品開始暢銷，報章刊出為露華濃 Revlon 的中文譯名揭曉啟事。一九四六年九月十五日《星島日報》。

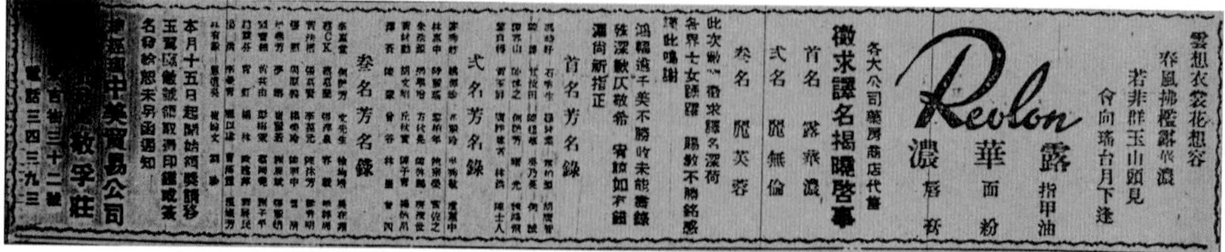

制水

一九六三年六月一日開始，實施每四日供水四小時。當時一層唐樓有六、七戶，每戶須貯足四天的飲用水，大受困擾，尤以建築及飲食業為甚。不少人在山澗取水或在街喉前輪水，形成一長長的「水龍」。當局租用一艘運油船往珠江取水，「水船」碼頭泊於深井生力啤酒廠前。同時，數以萬計佛教人士集體祈雨。後來，東江之水越山來，問題才告解決。

捉木虱（臭蟲）

戰後唐樓的門、柱、床板和木家具，有大量木虱繁殖，晚上，往往被釘咬至又癢又痛，無法成眠。

不時要用長釘或「耳挖」將木虱插死，又在床頭床尾置放一約兩尺長的「木虱棍」，棍上有多個小孔，供木虱作「竇口」，早上將其插死，或將木虱棍於地上猛拍，使木虱跌出而將其結果。

後來，不少人在深水埗北河街一間「黃玉合菜種行」，購買一種殺蟲噴劑，才能較有效地對付木虱。

驅鬼

一九六三年四月二十四日，花園道口美利樓（現已遷往赤柱，原址興建中銀大廈）內之差餉物業估價署鬧鬼，引起哄動。該署邀請佛教聯會高僧開壇唸經驅鬼，該會不收分文。不少人半夜前往「睇鬼」，該署更力證「冇鬼」。

政府諮詢處

一九六一年三月三日起，當局在政府合署西翼雪廠街旁，設立諮詢處，解答市民各類問題，由徐家祥任署長。曾入內查詢問題，感覺上是沒有「官府」的氣氛。

回港證

一九五八年，往澳門及回內地需要領回港證，身份證不再是有效的旅行證件。早期是一次過，稍後則發出可在五年內多次通用者。每屆歲晚「人民入境事務處」皆見申領的人龍。一九八〇年代被身份證取代。

轎子

被稱為「綠衣轎」的公眾轎子，由全盛時期的過千頂（乘），到了一九五八年只餘下六頂在路上運作，轎站是位於雲咸街娛樂戲院旁。一九六〇年起，全部消失。當時的轎子，是服務登上半山以至山頂的市民，亦有服務往醫院分娩的孕婦。

住家艇

一九六〇年十月，當局着令包括中西區、銅鑼灣、筲箕灣、油麻地及旺角等各灣頭之住家艇，限期遷往陸上。但要延至一九八〇年代，才大致完成。見到不少「棄舟登陸」的艇戶，其年幼子女亦可入學。

打更

一九五七年，石塘咀山道、保德街、加倫臺一帶，仍維持打更古風。由午夜一時起，打更佬（更佚）每小時帶同更鼓、巡邏一次，直到凌晨五時。較早期間，中環利源東西街及灣仔部分街道，亦有打更。

同時，黃大仙竹園村附近之元嶺亦有巡更服務，稍後停止。一九六〇年代，因治安日差，村民望鄉公所恢復打更。

媽姐

一九五八年，媽姐（女傭）越來越吃香，因少女們多在工廠工作，沒有「打住家工」（家庭傭工）般「困身」，只有年紀較大而不適合在一廠工作者，才做女傭。一九八〇年代，媽姐漸被外傭所代替。

同時，街頭亦有不少工作自由的熨衣婦。稍後「免漿熨」的「特麗翎」及「的確涼」之袖衫及西褲日漸流行，熨衣婦才告「轉行」。

車衣

五、六十年代，不少婦女在家內承接車衣工序以幫助家計，外發的服裝店多位於擺花街，威靈頓街以及灣仔區的多條橫街。當時的衣車有勝家、蝴蝶及實用等牌子。除車衣外，亦有織冷衫（毛衣）及縫穿手襪者。

人體寫生、女子擦鞋

一九五四年八月十三日，德輔道中七十七號（現盈置大廈所在）樓上之「新藝術人體寫生院」，遭警搜查、拘捕兩女模特兒及三名男子，「上課」之「學生」被驅逐。被拘者以淫褻罪被罰，不少同類學院，自動停課。

當時報章形容「香港三大害」為脱衣舞、人體寫生及泵波拿。

其他色情玩意還有：女子擦鞋、熨衫量身、地下浴室及教授游泳等。雖然法律上不能入罪，但警方可將色情販子「遞解出境」，經此阻嚇，色情泛濫才告遏止。

陸軍部宣佈
灣仔區解禁
若干街道仍封鎖
因視為性病之源

銅獅復員
昨由日本無恙返港
晁夜回駐上海銀行

英陸軍部宣佈，灣仔區解禁，但若干街道被視為性病之源仍然封鎖、匯豐銀行銅獅由日本運返香港，星夜回駐於銀行前。一九四六年十月十八日《星島日報》。

約一九五三年由榮華里望蘭桂坊，橫亘的是德己立街，左方的大牌檔現為花檔。

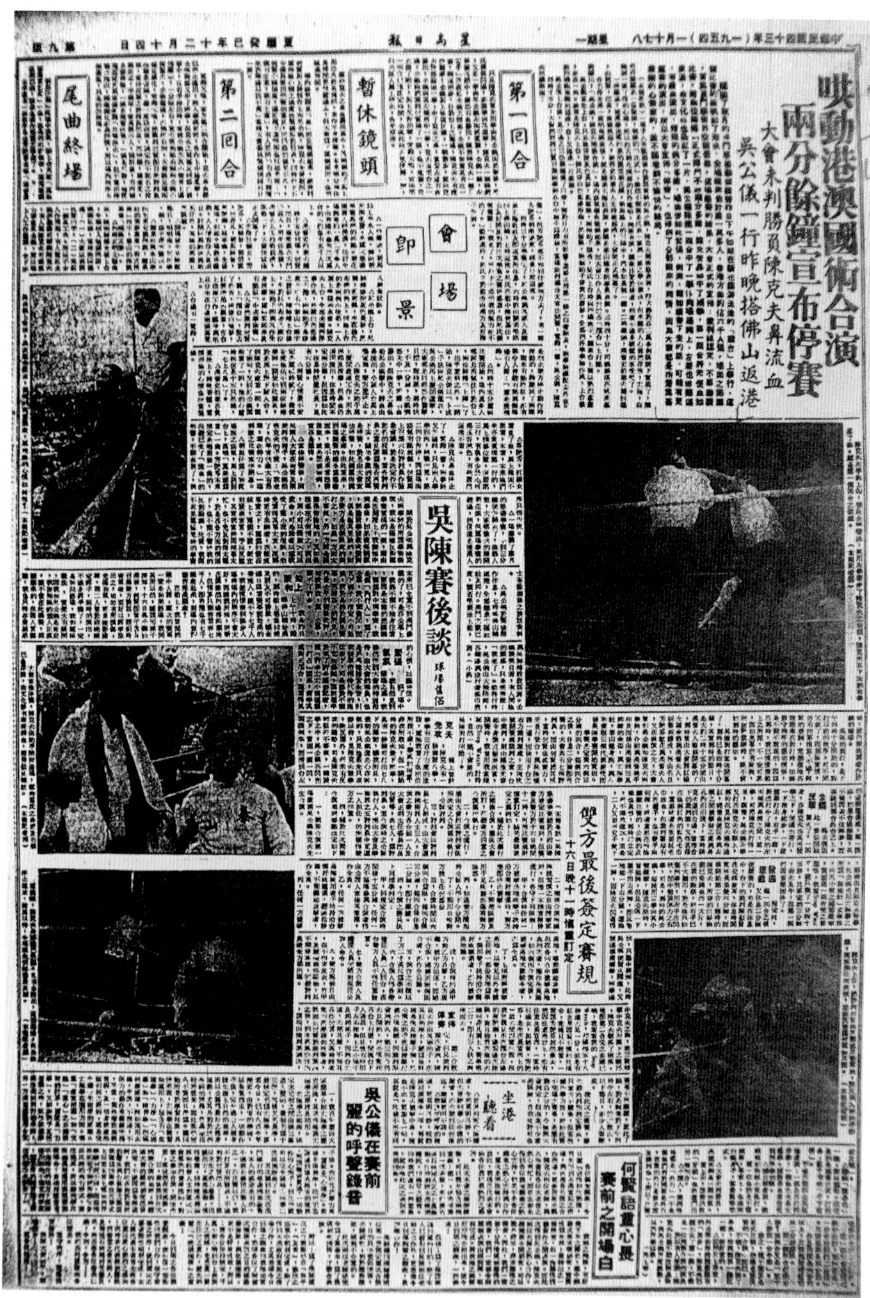

中華民國四十三年（一九五四）一月十七日　星島日報　夏曆癸巳年十二月十四日　第九版

哄動港澳國術合演
兩分餘鐘宣布停賽
大會未判勝負陳克夫鼻流血
吳公儀一行昨晚搭佛山返港

第一回合

暫休鏡頭

第二回合

尾曲終場

會場即景

吳陳賽後談

雙方最後簽定賽規

坐港聽看

何賢語重心長
賽前之開場白

吳公儀、陳克夫在澳門的擂臺拳賽的新聞，一九五四年一月十七日《星島日報》，當年十分哄動，現時仍有不少長者提及此事。

1｜約一九五三年的皇后像廣場。正中的兩列長木屋為多個政府部會及社福機構的所在。

2｜花園道纜車站前的遊客，右方為美國領事館。一九六〇年。

1 | 由利源東街望德輔道中，左中部為安樂園餐廳，右中部為中國國貨公司。約一九五二年。

2 | 約一九六五年由莊士敦道東望軒尼詩道，前方可見一交通指揮亭。

3 | 灣仔莊士敦道與柯布連道交界的貝夫人診療所，連同左方的修頓球場，是服務灣仔坊眾者，一九八一年。

4 | 位於石塘咀皇后大道西與和合街交界的一列戰後三合士唐樓，可見多間店鋪及「樓梯舖」，這一帶於八十多年前為「塘西風月區」，一九六七年。

位於荷李活道六十二號的老牌振隆米舖，二〇〇〇年。其左鄰為公利竹蔗水店。

一九七二年，九龍汽車公司的二毫車票，以及一九七三年的三毫車票，由當時起，各類物價開始飛升。

1 | 位於西營盤第二街七十一號的「樓梯舖」的造鞋及補鞋店，一九七七年。

2 | 由樓街望摩羅上街的古玩店及地攤，一九七七年。不少人在此閒逛及尋寶。

一九七二年底的維港兩岸，可見即將落成的康樂（怡和）大廈及富麗華酒店，尖沙咀亦可見將落成的喜來登酒店，以及即將改建為新世界中心的太古藍煙囱碼頭及貨倉。灣仔新填地上亦見將落成的電訊大廈。

參考資料

大公報
香港政府憲報
循環日報
星島日報
華字日報
華僑日報
工商日報
工商晚報
華僑日報編印香港年鑑 1947—1993

鳴謝

何其鋭先生
吳貴龍先生
張順光先生
佟寶銘先生
麥勵濃先生
香港大學圖書館

鄭寶鴻 著

責任編輯　洪永起
書籍設計　霍明志
排　　版　肖　霞
印　　務　馮政光

出　　版　香港中和出版有限公司
Hong Kong Open Page Publishing Co., Ltd.
香港北角英皇道四九九號北角工業大廈十八樓
http://www.hkopenpage.com
http://www.facebook.com/hkopenpage
http://weibo.com/hkopenpage
Email: info@hkopenpage.com

香港發行　香港聯合書刊物流有限公司
香港新界荃灣德士古道二二〇—二四八號荃灣工業中心十六樓

印　　刷　深圳市德信美印刷有限公司
深圳市龍崗區南灣街道聯創科技園二期二十棟一樓二號門

版　　次　二〇二二年七月香港第一版第一次印刷

規　　格　十六開（180mm×230mm）三三六面

國際書號　ISBN 978-988-8812-36-3